우리 아이
절대 교회
보내지 마라

우리 아이
절대 교회
보내지 마라

| 송상호 지음 |

자리

우리 아이 절대 교회 보내지 마라

2011년 7월 20일 초판 1쇄 발행
2015년 10월 30일 초판 2쇄 발행

지은이 | 송상호
펴낸곳 | 내일을 여는 책
펴낸이 | 김완중
출판등록 | 1993년 1월 6일 등록번호 제475-9301
주 소 | 전라북도 장수군 장수읍 송학로 93-9
전 화 | 063) 353-2289
팩 스 | 063) 353-2290
이메일 | wan-doll@hanmail.net
블로그 | http://blog.naver.com/dddoll

ⓒ송상호

* **자리** 도서출판 자리는 내일을 여는 책의 인문·사회 브랜드입니다.

*잘못된 책은 바꾸어 드립니다.
*책값은 뒤표지에 있습니다.

ISBN 978-89-7746-923-5

●·· 추천사 ··●

예수마저 상품으로 팔아먹는 시대에 던지는 진리의 메시지

머리털 나고 처음으로 책 추천사라는 걸 써봅니다. 저자인 송상호 목사님께 추천사를 쓸 마땅한 분이 없다면 그때 가서는 내가 한다고 약속했는데 지금 생각해보니 괜히 했나 봅니다.

저는 한 권의 책도 써 보지 못하고 유명세도 없습니다. 혹 송상호 목사님의 이 책이 뜨면 저도 유명세가 생길지도 모르지만 말입니다. 좀 부럽기도 합니다. 사실 저보다 나이도 한참 아래고, 목사 된 지도 그렇고, 하는 일의 관록도 저와 차이가 많이 납니다. 학벌도 저와 비슷하게 목사부류 중 거의 '하빨'인데도 벌써 책을 네 권이나 내고 있기 때문입니다.

서로 안 지는 7~8년 정도 되었지만, 굳이 비슷한 점을 꼽으라면 부산에서 성장했다는 점, 교단에서 목사직을 유지하지 않고 있는 점, '도꼬다이' 성질이 좀 있다는 점, 가난하고 어려운 사람들 주변에서 목사노릇을 하고 있다는 점을 꼽을 수 있겠습니다.

이 정도로 저자와의 관계는 줄이고 본론으로 추천의 말을 이어 볼까 합니다.

이 책은 내용이 4부로 엮어져 있고 각 꼭지마다 다루는 내용이 구별되어 있습니다. 우선 1부에서는 저자 송상호 목사님의 '자서전'과 같은 자기 삶의 역사를 소개하고 있습니다. 특히나 기독교와 교회와 관련해서 성장한 과정을 너무 솔직하게 말씀하고 있습니다. 거의 폭로수준입니다.

하지만 제가 알기로 송상호 목사님은 미성년 아이들과 청소년에 대해 무척 관심을 가집니다. 우리나라 제도교육의 현실에 눌려 압사당하는 아이들의 신음에 너무 예민합니다. 그 아이들과 청소년들이 마음껏 자연스럽고 자유롭게 성장하고 성숙하도록 돕는 것에 마음을 쓰고 있음을 보았습니다. 그런 면에서 볼 때 송 목사님의 이 책은 어쩌면 당연한 자신의 발로인지도 모릅니다.

서양 제국주의 국가가 다른 대륙들의 민족이나 국가들을 점령하고 자신들의 종교문화와 문명으로 이들을 오랫동안 지배했던 바를 우리가 잘 압니다. 왜 그랬을까요? 아마 자신들의 것이 더 우월하고 더 좋은 것으로 알고, 상대를 자신들보다 열등하고 열악한 문화권이기에 뭔가 더 좋은 것을 주거나 나눠서 그들을 더 나은 쪽으로 '인도'(안내)하기 위해서일까요? 종교든 문화든 문명이든 자기가 우등한 것이라고 한다고 우등의 위치가 성립될까요? 설혹 우등하다 합시다. 열등한 것을 강제로라도 자신의 우등한 것으로 받아들이도록 해야 하나요? 기실 그것만이 아님은 누구나 잘 아는 사실입니다. 그러나 억압과 착취로 자국의 부와 영화를 누리는 것을 하느님의 '허락하심'으로 알고 정당화했습니다.

성인이나 기성세대도 마찬가지가 아닐까 싶습니다. 어리고 미성년자이고 청소년이라고, 어른이 경험하고 알고 있고 터득한 것을 전해 주어야 한다고 생각하고 그리하는 일이 참으로 성장하고 성숙하는 데 도움이 될까요? 때때로 기술적인 것을 익히는 행동에서는 그럴 경우도 있을 겁니다. 하지만 인생관이나 세계관 또는 사상, 이념 등을 모범답안이 있는 것처럼 주입식으로 요구할 수는 없는 겁니다. 잘 아시다시피 우리나라는 제국주의 영향을 받아서인지 이념도 종교도 일방적이고 폭력적으로 강요하여 왔습니다.

바로 이런 지점입니다. 송 목사님이 '우리 아이 절대 교회 보내지 마라'고 주장하는 것도 우리의 아이들, 우리 역사의 배턴 터치를 해야 할 자라나는 차세대에게 '자신 스스로 생각하거나 결정하게 하자'는 겁니다. 부모나 기성세대의 영향력으로 왜곡된 인간상을 조각하지 말자는 겁니다. 다양한 가치 체계를 경험하고 섭렵하면서도 주체적인 인간으로 자기철학과 세계관을 세우게 하자고 주장하는 것입니다.

제게도 지금 제대를 앞둔 아들이 있습니다. 취학 전에는 원불교에서 운영하는 어린이집을 보낸 적이 있습니다. 당시 제 주변의 가까운 목사님들이 의아해하며 '교회가 운영하는 선교원이나 유치원이 많이 있는데 원불교라니….' 하던 때가 생각납니다. 아들이 자라서 중학교에 다니던 어느 날 집에 와서는 제 엄마에게 교회에 안 나가겠다고 당당히 말하더랍니다. 왜 그러느냐고 물었더니 목사님이 설교 중에 스님들을 두고 '마귀새끼'니 '지옥불구덩이'로 가느니 하는 말씀을 듣고서 그 좋아하던 교회친구들과의 결별도 마다하지 않고 교회에 안 가겠다는 것이었습니다. 저는 그때 아내에게 아이를 억지로 교회 보내는 것보다 아이의 진심을 믿어주는 것이, 오히려 진실한 신앙을 찾는 길로 안내하는 정도(正道)라고 말한 바 있습니다.

당시 큰아이(딸)나 아들에게는 아빠가 목사이고 목사의 자녀라고 반드시 기독교인이 되어야 한다는 생각을 말라고 하였습니다. 어떤 종교를 선택하든 아니 어떤 국적이나 어떤 배우자나 어떤 직업이든 선택의 자유로운 주체성을 말한 바 있습니다. 저는 어떻게 하더라도 교회의 품은 아닐지언정 참으로 하느님의 품은 떠나지 않으리라는 믿음이 있었기 때문이었습니다.

요즈음 교회가 바닥으로 추락하는 시대가 도래했습니다. 한국 교회가 세계에 우뚝 섰다고 기염을 토하던 때가 어제 같은데 지금 황금만능의 자본(맘몬) 앞에 힘없이 무릎 꿇고 말았습니다. 가장 빛도 없이 소문도 없이 낮아지고 비우는 곳에 하늘의 영광과 권세가 있다는 진리를 애써 외면하고, 이 땅에서 성공과 축복에다 진리를 팔아버렸습니다. 하느님을 탐욕의 우상으로 만들어 놓고도 우상인 줄도 모르고 하느님으로 열광하며 받들어 복을 빌고 있을 뿐입니다. 인터넷 시대가 열리면서 '기독교 박멸'을 외치는 안티기독교가 성행하고, '예수 천당, 성공 축복' 기독교는 자신의 철옹성을 지키기 위해 최악의 발악을 하는 형국입니다.

그런 한편 교회의 개혁과 진보의 운동에 애처롭게 매달려 있는 소수의 몸부림도 있지요. 일찍이 달동네 가난한 교회를 목회하다 젊은 나이에 절명한 한 전도사는, '혀 짤린 하느님, 귀 먹은 하느님, 화상당한 하느님, 어두운 골목에서 울고 계신 하느님, 쓰레기더미에서 죽어버린 하느님'을 노래하였습니다.

교회가 예수를 우상화 놀음하던 시대를 지나, 예수를 상품으로 팔아먹는 시대까지 예수는 종교사업의 먹잇감이 되었을 뿐이었습니다. 예수는 포박당한 하느님을 아버지라 하면서 모든 인류가 그 아버지의 자녀인 한 가족이라 했습니다. 또 그 하느님의 통치가 있는 나라를 이루며 그렇게 살자고 하였건만 결국 종교시장을 만들고 말았습니다. 저자 송 목사님이 말한 '간소한 우주적 종교'도 결국 여기에 잇닿아 있지 않나 생각합니다.

부산 부활의집 목사 김홍술

•••• 차례 ••••

- **추천사**   5
  예수마저 상품으로 팔아먹는 시대에 던지는 진리의 메시지
- **프롤로그**   14
  "목사가 이런 책을 내도 되는가"

Chapter 1   누구보다 교회에 충성했던 목사   19

1. 교회밖에 몰랐던 어린 시절   21
2. 목사를 꿈꾸던 나날들   26
3. 가난 때문에 학교를 그만두다   30
4. 내게도 찾아든 바울의 천지개벽   36
5. 신학교 입성, 그리고 군 입대   40
6. 있을 수 없는 어머니의 죽음   45
7. 극적인 결혼과 주경야독   50
8. 교인들과 한 가족이 된 전도사 생활   55
9. 출애굽, 아닌 '출부산'   60
10. 무신론자인 목사의 아이들   66

Chapter 2   사람들은 왜 교회로 몰릴까?   71

1. 목사 안수 받자마자 교단을 탈퇴하다   73
2. 교회 같잖은 교회를 하다   78
3. 예배 같잖은 예배를 드리다   84
4. 교회 예배를 그만둔 사소한 사연   89
5. 일요일마다 예배하는 사람들의 솔직한 심정   94
6. 어른들은 왜 아이들을 교회에 보낼까   99
7. 사람들이 교회로 몰리는 진짜 이유   104

Chapter 3   아이들을 절대 교회에 보내지 말아야 할 10가지 이유   109

1. 역사의식이 제로가 된다   111
2. 합리적인 사람이 되기 어렵다   116
3. 이중인격자가 되기 십상이다   122
4. 종교 바보가 따로 없다   128
6. 교회는 죄인 양성소다   138
5. 일요일엔 아이들도 좀 쉬고 싶다   133

7. 남을 배척하는 꼴통이 되도 좋은가	143
8. 경쟁력에서도 뒤처진다	149
9. 세뇌, 남의 이야기가 아니다	154
10. 교회, 곧 사라질 운명이다	159

Chapter 4 교회, 바로 알고 바로 보자   167

1. 예수라면 교회를 부숴 버렸을 것이다	169
2. 교회의 창시자는 예수가 아닌 콘스탄티누스	175
3. 중세시대가 과연 하나님의 나라였는가	180
4. 개신교회 창시자, 그들은 바로 살인자였다	186
5. 하나같이 이교적인 교회의 의식들	191

• **에필로그**   198
"교회, 안 가는 것이 대안이다"

● ·· **프롤로그** ·· ●

"목사가 이런 책을 내도 되는가"

한국 땅에서 목사가 '우리 아이 교회 보내지 마라'는 책을 내는 것, 분명 욕 들을 짓일 수 있겠다. 이 책을 보면서 "쯧쯧, 목사가 이런 책이나 내고…. 돈 벌려고 별짓을 다 하네"라고 할 수도 있겠다.

솔직히 부인하지 않겠다. 이 세상에 돈 싫어하는 놈이 어디 있나. 가난한 나로서도 돈을 벌어야 자식 둘과 아내 하나를 책임질 수 있다. 그러니 당연히 돈도 벌어야 하는 처지다. 내게 맡겨진 최소한의 사랑의 짐인 내 가족 하나도 건사 못하면서 뭔 '목사질'을 하겠나. 가뜩이나 목사질도 시원찮은 판국에. 사람들이 말하는 '먹사', 그래 나도 '먹사' 맞다. 돈 벌려고 교회 운영하듯이 나도 돈 벌려고 이렇게 글을 쓰고 있는 것이다.

혹자는 또 이렇게 반문할 것이다. "목사가 목사답지 못하게 이런 책을 쓰는가? 이러려면 뭐하려고 목사가 됐어?"

소위 '모태신앙인'이 아니었다면, 어렸을 적부터 교회를 다니지 않았다면 나도 목사가 되었을까. 어렸을 적에 목사가 이렇게 욕 들어 먹는 자리인줄 진작 알았더라면 목사가 되겠다고 기도하고 난리쳤을까. 부흥회를 쫓아다니면서 "아버지를 교회에 나오게 해 주시면 목사가 되겠습니다"란 서원기도를 함부로 했을까. 목사가 이렇게나 많이 구라를 쳐야 겨우 먹고 사는 자리인 줄 진작 알았더라면 나는 일찌감치 꿈을 접었을지도 모른다.

그래도 내가 목사 자격증을 딴 것은 고스톱 쳐서 딴 것도 아니다. 가난한 시절 결혼을 남보다 좀 일찍 했다. 가정도 건사해야 했고 공부도 해야 했기에 별짓을 다해서 신학교를 다녔다. 낮엔 트럭 하나 이끌고 화장지, 계란, 과일 등을 팔러 다녔고, 밤엔 야간 신학교에서 목회자 길을 걷기 위한 공부를 했다. 골목골목 다니면서 "맛있고 싱싱한 계란이 왔어요. 날이면 날마다 오지 않는, 달달한 포도가 왔어요"라 했던 추억이 아련하다. 한번은 낮에 일이 피곤해서 수업시간에 코를 드르렁 골면서 잠든 적도 있었다. 나중에 안 일이지만, 고맙게도 담당 교수가 "얼마나 피곤했으면 그럴까." 하면서 안 깨웠단다. 내 동창생들은 덕분에 수업시간 내내 코 고는 소음을 들어야만 했다고 한다.

그렇게 나는 한국 땅에서 내로라하는 보수적인 신학교에 착실하게 다녔고, 거기서도 성적은 항상 전교 1~2등을 다투었다. 신학교에서도 공부를 잘하니까 교수들도 나를 아끼고 좋아했다. 나중에 내가 이렇게 뒤통수(?) 칠 줄은 꿈에도 모르고 말이다. 부교역자 생활도 한 교회에서 5년 동안 착실히 해서 교인들과 담임목사로부터 모두 인정받았다. 장애인 시설 교회도 했고, 개척교회도 했다. 목사고시에 합격하고 난 후 2002년도에는 한국의 한 대형 교단에서 목사 안수를 받았다.

어떤 사람들은 "목사면 목사지, 네가 뭔데 우리 아이 교회 보내라 마라 하냐. 교회 가기 싫으면 너나 안 가면 될 거 아냐"라고 할 수도 있겠다. 그 말에 나도 충분히 공감한다. 교회를 가고 안 가고는 전적으로 본인 자유다. 자녀들을 교회에 보내고 안 보내고도 철저히 자신들의 자유이며, 자녀들이 교회에 가고 안 가고도 그들의 자유다. 그런 면에서 제목이 '우리 아이 절대 교회 보내지 마라'란 명령형은 죄송하고 또 죄송하다. 우린 누구도 남에게 명령할 권리가 없다고 생각한다. 설령 그게 자신이 낳고 기른 자녀라 할지라도.

그래도 명령형을 쓰는 것은 한국 사람들에게 뭐라고 말할 때는 좀 세게 말해야 귀 기울인다는 일반의식 때문일 게다. 적당히 욕을 섞어가며 말을 해야 겨우 말발이 먹힌다는 사회풍습(?)을 나도 따라 해본 것이니 이해해주시길 바란다. 좀 더 솔직히 말하면 그렇게 제목을 써야 사람들이 주목을 하고, 책도 팔린다는 출판사의 조언도 한몫 했다. 어차피 혼자서 자위하려고 이 책을 내는 게 아니라 더 많은 사람에게 읽히고 싶어서 책을 쓰는 것이니 말이다.

그래도 이 책을 이 정도로 봐줬으면 좋겠다.

"아이들이 어렸을 적부터 교회에 다니면(혹은 절에 다니면) 얻는 것보다 잃는 게 더 많다. 나중에 나이 들어 자의적으로 판단해서 다니면 종교에 대한 이해도 더 풍성해진다. 다니고 싶지 않으면 안 다녀도 그만이다. 아이들에겐 그럴 권리가 있고, 우리 어른들은 그럴 권리를 짓밟을 권리가 없다. 아이들을 진짜로 사랑한다면 우리는 어려서부터 아이들에게 교회를 강요하는 것을 그만두어야 한다."

나 자신이 어렸을 적부터 교회를 다녀서 좋은 점도 아주 많았지만, 단편적인 기독교 세계관으로부터 좀 더 자유로워지기까지 수많은 고난을 감내해야 했기에 하는 말이다. 수많은 사람들이 어렸을 적에 배운, 자신의 의지와는 조금도 관련 없는, 그런 하나의 세계관에 함몰되어 사는 것을 나름 아쉬워하기 때문이다. 그것조차도 '당신이 뭔데'라고 말하면 나는 바로 꼬리를 내리겠다. 그 말만큼 진리가 없기 때문이다.

이 책을 읽고 사람들이 평화를 얻는 게 아니라 혼란에 빠졌으면 좋겠다. 고민을 하면 더 좋겠다. 갈등을 하면 더더욱 좋겠다. 그래서 사람들이 교회에 대해 좀 더 솔직해졌으면 정말로 좋겠다. 그것조차 하지 않으면 내가 이 책을 내는 보람이 없어진다. 물론 내게 보람을 주기 위해 여러분들이 괜히 고민하는 척 하진 않으리라고 믿는다. 이 세상에 영원한 것은 없다. 교회도 마찬가지다. 이런 교회에 대해 고민할, 수없이 많은 독자들을 기대해본다. 조금이나마 귀 기울여줄 여러분들이 고맙고 또 고마울 따름이다.

1
Chapter
누구보다 교회에 충성했던 목사

Chapter 1   누구보다 교회에 충성했던 목사

1. 교회밖에 몰랐던 어린 시절

나는 소위 '모태신앙인'이다. 사전을 보면 모태신앙을 '아이를 잉태했을 때부터 신앙심을 가졌다'고 뜻을 풀이해 놓았다. 그런데 그 용어를 뜻하는 고유어는 영어에도 없다. 다만 모태(matrix)란 말과 신앙(faith)이란 말을 합해서 사용하기는 한다.

영어권에서는 'He was born a Catholic'이란 표현을 쓴다. 직역하면 '그는 가톨릭에서 태어났다'라는 뜻이다. 이것을 '그의 모태신앙은 가톨릭이다'라고 번역한다. 결국 모태신앙이란 말은 천주교 교리에서 온 용어일 뿐 우리 민족에겐 애초부터 모태신앙이란 개념이 없었다.

그래도 굳이 의사소통을 위해 '모태신앙인'이란 말을 쓰겠다. 나의 한 지인은 '모태'란 말이 '못해'를 소리 나는 대로 읽은 것이라고 했다. 나도 이 말에 공감한다. '모태신앙인'이란 굴레 때문에 못하는 것이 실제로 많았기 때문이다.

신 내린 외할머니가 기독교로 개종하다

내가 모태신앙인이 된 것은 순전히 외할머니 덕분이다. 외할머니의 기독신앙이 나의 어머니로 이어지고, 나에게까지 전해졌기 때문이다.

어린 시절, 내 눈에 비친 외할머니의 기독 신앙생활은 사뭇 경건하고 거룩했다. 외할머니는 새벽마다 새벽기도회에 가셨다. 일요일이면 목욕재개 하고, 정갈한 옷을 입고, 촌 할머니로는 과분할 정도의 단장을 하셨다. 일요일에는 일체 다른 일도 하지 않았다. 무엇을 사고파는 행위도 하지 않았다. 누군가 외할머니를 찾으려면 참 쉬웠다. 시골 교회당에 가면 꼭 계셨으니까. 외할머니는 거의 매일 교회당에서 사셨다. 교회당 아니면 집이었다.

외할머니가 돈을 제일 많이 쓰는 것은 교회에 헌금하는 것이었다. 며칠씩, 때론 한 달 정도까지도 금식기도를 하셨다. 거의 초인적인 금식기도였다. 지금도 기억나는 것은 김영삼 대통령이 대통령 후보 시절, 그가 당선되도록 일주일을 금식기도를 하신 일이다. 외할머니는 "교회 장로가 대통령이 되어야 대한민국이 하나님의 나라가 된다"며 내게도 기도하기를 권하셨다.

어느 날, 외할머니가 말씀하셨다.

"상호야, 내가 왜 이리 신앙생활을 열심히 하는 줄 아나?"

"지야 모르지에. 할매 맴을 우째 알겠는교."

"그건 말이데이…."

이렇게 시작한 외할머니의 말씀은 나에게 적잖은 충격이었다.

외할머니는 마흔 살 즈음에 '신 내림'을 받았다. 받지 않으려고 애썼는데, 결국 몸에 신이 오더란다. 그 후에 무당은 하지 않았지만 대신 마을 사람들의 점을 봐주곤 했다. 점을 보려는 사람이 오면 그 사람의 내면이 거울 보듯 눈에 환하게 들어오더란다. 모시는 신이 가르쳐준단다. 한 가지, 그 사람의 과거와 현재의 모습은 보여도 미래의 모습은 보이지 않는다고 했다. 걸음을 걸어도 축지법을 쓰듯 워낙 걸음이 빨라서 마을 남정네들이 따라오질 못했단다. 이런 신통한 능력이 있음에도 몸은 계속 아팠다. 신 내림 받은 사람들의 공통적인 특징이라고 했다.

외할머니가 마흔 중반이 되던 어느 날, 북 치고 장구 치며 동네를 지나가던 일단의 무리를 보았다. 소위 '노방전도'였다. 그 무리를 따라 무심코 교회를 갔었다. 한 번 가고 두 번 가고…. 교회를 가기 시작하니 자신도 모르게 신이 떠나가더란다. 더 큰 신(예수신)이 오니 작은 신이 떠나갔다고 하셨다. 물론 신통한 능력도 떠나갔다. 다행히 아팠던 몸은 씻은 듯 나으셨다.

외할머니의 이야기를 듣고 나니 외할머니가 왜 그토록 교회에 몰두하다 못해 집착하셨는지 알 듯도 했다. 그런 할머니가 아쉽게도 캄캄한 새벽에 새벽기도회를 가시다가 동네 청년의 오토바이에 치어 다리를 크게 다치셨다. 잘 걸으시던 분이 그렇게 다치고 나서부터는 시름시름 앓다가 이듬해에 돌아가셨다. 일흔 셋의 연세였다.

외할머니의 죽음은 당시 내게 "예수 믿고 교회생활 잘하면 복 받는다"던 담임목사의 설교를 다시 생각하는 계기가 되기도 했다.

어린 시절, 교회는 추억 그 자체였다

사람은 보고 들은 대로 된다 했던가. 어린 시절, 집이 가난해서 외할머니 댁에서 주로 많이 생활했던 나에게 외할머니는 신앙의 모델이었다.

일요일이면 교회를 착실하게 다녔다. 어머니나 외할머니가 헌금을 주면 헌금도 잘 냈다. 물론 동생들과 작당해서 중간에서 많이 착복하긴 했지만 말이다. 어머니가 헌금하라고 50원을 주면 30원은 과자를 사 먹고, 20원을 헌금했던 것이다. 전액을 착복하면 들통날 수 있다는 속셈에서였다. 덕분에 나의 완전범죄도 오랫동안 지속될 수 있었다.

 어린 시절을 생각하면 성탄절 추억을 빼놓을 수 없다. 성탄절이 다가오면 성탄전야 교회발표회 준비를 위해 연극연습과 노래연습을 했다. 성탄절을 앞둔 11월부터 거의 매일 교회당에 가서 연습을 했다. 여자아이들과 매일같이 만나 연습하고 수다 떨고 장난치는 게 그렇게 좋을 수가 없었다. 내가 6학년을 마칠 무렵, 드디어 성탄연극의 주인공이 되었다. 솔로몬 대왕 역할을 했다. 30년이 지난 지금도 발표회 당일, 주인공으로서 관객에게 독백을 했던 짜릿함이 너무도 생생하다.

 성탄절 새벽이면 빼놓을 수 없는 추억거리, 바로 '새벽송'이다. 시골의 겨울 새벽은 왜 그리 추웠던지. 그래도 나는 해마다 잠도 안 자고 꼭 따라다녔다. 15명 내외가 한 조를 이루었다. 어둠을 헤치고 시골집에 도착하면 인도자의 인도에 따라 성탄노래를 불렀다. 성탄노래를 나지막하게 부르면 집주인이 어느새 불을 켜고 우리를 맞는다. 성탄 메시지를 조용하게 전한다. "메리 크리스마스, 새해 복 많이 받으세요"란 말이 마지막 멘트가 된다. 집주인이 과자나 사탕 등을 산타에게 준다. 어렸을 때는 '새벽송 산타는 왜 주지 않고 받기만 할까'라고 생각했다. 산타가 선물을 받으면 그 집을 떠나 다른 집으로 향한다. 다른 집으로 가는 동안 조용히 하라고 했지만, 그 길에서 나눈 수다는 정말 꿀맛이었다.

그렇게 '새벽송'을 마치고 나면 집에 가지 않고 교회당에서 선잠을 잤다. 성탄절 예배가 아침 9시여서 집으로 가면 못 일어날까봐 그랬다. 그렇게 성탄예배를 드리고 나면 또 교회 아이들과 신나게 놀았다.

연말이 되면 교회 시상식도 기대가 되었다. '출석상, 헌금상, 전도상' 등을 받곤 했다. 가난한 어린 시절, 교회에서 상품으로 주는 학용품은 정말 푸짐했다. 그걸 받으면 왠지 천국에 다가간 것 같았고, 친구들 앞에서 괜히 어깨에 힘을 주곤 했다.

그런 날들이 꿈만 같다. 나의 어린 시절의 대부분을 차지한 교회 생활이 그립다. 그때는 설렘도 있었고, 기쁨도 있었고, 눈물도 있었고, 긍지도 있었다. 그 시절이 한없이 그립다.

2. 목사를 꿈꾸던 나날들

나는 가난한 노동자의 세 아들 중 장남으로 태어났다. 시골에 살면서 아버지가 농부가 아니라 공장 노동자라서 더욱 가난했다. 워낙 가난해서 어렸을 적에는 굶기를 밥 먹듯 한 날도 많았다. 쌀이 없어 배급받은 국수로 아침과 점심을 먹고, 저녁엔 배급받은 밀가

루로 수제비를 해 먹었다. 어머니는 장남인 나에게라도 쌀밥을 먹게 하려고 동생들 몰래 나를 외할머니 집으로 보내곤 했다. 실제로 한참 먹어야 할 때 못 먹은 탓인지 장남인 내가 키가 제일 작다.

호랑이가 어머니 뱃속으로 들어오다

이런 가정에서도 부모님이 나에게 거는 기대는 컸다. 장차 내가 집안을 일으켜 세울 거라고 하셨다.
"상호야!"
"와, 엄마."
"내가 니 놓을 때 무슨 꿈 꾼 줄 아나?"
"뭔데?"
"니 놓을 때 다 돼 가서 꿈속에서 산만한 호랭이가 내 뱃속으로 자꾸 기어들어 오더라카이."
"흐미, 무서브래이. 그래가 우째 됐노."
"나도 쪼매 무서브서 자꾸 밀쳐냈는데, 자꾸 기어들어 오더라꼬. 그래가 꿈을 깼제."
"근데, 그기 뭐꼬."
"야야, 그기 바로 니 운명을 말해주는 태몽이라 카는 기다."
이런 소리를 듣고 컸던 내 맘속에서도 조금씩 호랑이가 자라고 있었는지 모른다. 그런 어머니 말씀을 들으면 '나는 장차 큰 인물이 되려나 보다'는 근거 없는 자신감으로 가슴 설레곤 했다.

'장차 커서 큰 인물이 되려면 뭐가 되면 좋을까.'

한때는 대통령, 검사, 학교 선생님 등등을 생각했다. 하지만 교회에 착실했던 내게는 뭐니뭐니 해도 목사가 괜찮은 인물로 보였다. 그럴 수밖에 없는 것이 교회생활에서는 제일 대단한 사람이 목사였으니까.

물론 어렸을 적 나의 고향 교회 목사들은 수월하게 목회를 한 것은 아니었다. 교인들과의 불협화음 때문에 목사가 쫓겨나기도 하고, 때론 집사가 쫓겨나기도 했다. 이렇게 목회자가 자주 갈렸다. 그런 걸 지켜보면서도 '저거 힘든 길이니까 가지 말아야지'란 생각보다 '저렇게 어려운 길이니까 가면 더 가치가 있겠다'라고 생각했다. 왜냐하면 나는 호랑이니까. 그런 식의 근거 없는 자신감이 사람 잡는 줄도 모르고 꿈을 키웠다.

목사의 길은 가문의 영광

목회의 길을 가겠다고 결정한 결정적인 계기는 중학교 2학년 때 참석한 교회부흥회였다. 그때 나는 눈물 콧물 빼며 이렇게 기도했다.

"주님, 아버지를 지옥백성에서 천국백성으로 만들어주십시오. 회개하게 해주십시오. 그러면 이 한 몸을 주님을 위해 바치겠습니다. 목회의 길을 가겠습니다."

이런 식으로 기도해야 하나님이 잘 들어주신다고 부흥강사가 가르쳐줘서다.

그 기도의 응답인지, 때가 되어서인지, 내가 중3 때 아버지도 교회를 다니기로 하셨다. 그동안 어머니와 우리 형제들이 아버지를 꼬드긴 결과라고나 할까. 어쨌든 아버지가 교회를 나오셨으니 나는 '꼼짝 마라'였다. 그때까지만 해도 목사를 할까, 다른 걸 해볼까 중심을 못 잡았는데 말이다. '내가 목회의 길을 가는 것은 주님의 뜻인가 보다'라고 운명처럼 받아들였다.

이렇게 꿈을 정하고 나니 시골 교회 어른들도 나를 대하는 태도가 달라졌다. 장차 커서 '주님의 종'이 될 사람이라 여겼기 때문이다. 당시 조그만 시골 교회에서는 목회자를 한 명 배출하는 것을 크나큰 영광으로 알았다. 교회에서 만날 기도하던 사람들은 교회 출신 중 목회자가 많이 나오게 해달라는 기도가 단골이었다. 하나님이 크게 기뻐하시는 일이라면서 말이다.

내가 목사가 되겠다고 말하고 다니는 순간, 나는 교회에서도 자랑거리가 됐다. 외할머니도 금식기도, 새벽기도 등을 하시면서 나에 대한 기도를 빼놓지 않으셨다. 이왕 될 거면 큰 목회자가 되게 해달라고 말이다. 어머니도 아버지도 자식 때문에 기를 펴고 사셨다. 장차 목사가 될 아들은 가문의 영광이었다. 이런 분위기니 내가 어찌 목사의 길을 가지 않을 쏘냐. 근거 없는 자신감은 목사가 되도 큰 목사가 될 거라는 생각으로 더욱 커져 갔다.

3. 가난 때문에 학교를 그만두다

"상호야, 너 등록금이 밀려서 2학년 못 올라간다. 어떡할 거냐?"
30년이 다 되어 가는 지금도 고1 담임선생님이 했던 그 말이 내 가슴에 생생하다.

나는 고등학교를 인문고로 갔다. 집안 형편이 어려워서 집에서는 실업고에 가서 장학금으로 공부하라고 했지만, 중3 담임선생님이 한사코 인문고로 가라고 했다. 당시 자신의 반 학생들을 인문고로 많이 보내면 담임의 근무실적이 좋아진다는 걸 학생들인 우리도 눈치 채고 있었다. 나로선 담임 운이 참 없었다.

그렇게 인문고를 가서 등록금을 제대로 못 냈다. 가난한 형편이니 이미 예고된 사태였다. 입학할 때 중학교 내내 부었던 적금을 깨서 냈던 최초 등록금이 고작이었다. 2~4분기의 등록금을 내지 못했다. 가난한 형편을 너무도 잘 알았던 나는 부모님께 독촉도 못하고 속만 끓였다. 내가 독촉하지 않으니, 먹고살기에 급급한 부모님들도 번번이 등록금을 2순위로 미루셨다. 등록금을 잘 내지 못하니 괜히 마음도 잡히지 않아 1학년 후반으로 갈수록 성적도 떨어졌다.

그렇게 고민하고 있던 1학년 말의 어느 날, 당시 담임선생님이 나를 불러서 겨우 하는 말이 등록금이 밀려서 2학년에 못 올라간다는 거였다. 어린 내게는 이 말이 큰 상처가 되었다. '세상에 믿을 선생놈 하나 없다'고 속으로 생각했다.

집에 가서 부모님과 상의했지만 뾰족한 길이 없었다. 학교를 그만두기로 결정을 내렸다. 교회에서 목사님과 상의했더니 검정고시의 길도 있다며 학교를 그만두는 것을 찬성하였다. 멋도 모르는 나도 검정고시를 치면 되겠거니 했다.

식당과 공장을 전전하다

학교를 그만두던 날, 아버지가 학교에 오셨다. 자퇴 서류를 접수하고 교정에서 내 손을 잡고 걸어 나올 때, 아버지는 한없이 우셨다. 지금은 돌아가신 아버지의 그때 설운 눈물을 잊을 수가 없다.

"아무리 가난해도 공부는 시킬라 캤는데. 나는 몬 배워도 너그 만큼은 잘 가르킬라 캤는데. 상호야 미안하데이. 내사 마 너그 볼

면목이 없데이."

집에 오니 어머니도 집안의 희망이 무너진 듯 아파하셨다.

바로 검정고시를 공부하면 될 줄 알았다. 하지만 검정고시도 돈이 있어야 가능했다. 학원도 가야 하고, 교재도 사야 했다. 그래서 우선 박공예 공장을 다녔다. 그 후 의자 공장, 신발 공장, 식당 등등을 전전했다. 그러다보니 공부는 뒷전이 되고, 생활전선에서 헤매게 됐다. 동생들은 한창 학교에 다녔고, 집안은 여전히 가난했으니 돈을 벌어 다시 공부를 한다는 게 생각처럼 쉽지 않았다. 공부는 고사하고 입에 풀칠하기도 바빴다.

학교를 다니지 않으니 또래 친구가 모두 끊어졌다. 대한민국에서 청소년이 학교를 다니지 않는다는 것은 또래 친구로부터의 고립을 의미한다는 걸 그때 뼈저리게 느꼈다.

하지만 세상일은 모두 양면이 있는 법. 학교를 그만두고 일찍 사회로 나가니 나보다 나이 많은 사람과의 교감이 일찍감치 이루어졌다. 소위 철이 빨리 드는 계기가 되었다고나 할까.

특히 내게 있어서 행운은 교회에 다니는 선배들이었다. 특히 나보다 한 살 연상인 선배와 10살 연상인 선배가 나에게 영향을 많이 주었다. 그 두 사람은 교회를 다녔지만 자세가 약간 삐딱했다. 물론 그것은 교회 어른들의 시각이었다. 그들은 소위 역사서를 비롯한 사회비평 에세이를 많이 읽었다. 나도 자연스레 그 영향을 받았다.

솔직히 학교 다닐 때는 교과서 외에 책을 읽어 본 적이 없었다. 교회에서 읽는 성경이 그나마 읽은 유일한 책이었다. 그때 그 선배들 때문에 일반 서적을 접한 것, 특히나 사회 비평서나 종교 비평서 등을 접한 것은 내게 중요한 전환점이었다. 결과적으로는 학교를 그만둔 것이 성경이 아닌 책을 접하는 계기가 되었다. 학교를 그만둔 것은 시련의 시작이었지만, 동시에 새로운 세계로의 첫 시도이기도 했다. 지금의 내 모습은 그때 이미 싹트고 있었다.

그 시절, 책 읽는 맛을 들이니 돈이 생기면 줄곧 책을 사 보았다. 아니면 선배로부터 책을 빌려 읽었다. 학교 공부를 할 수 없는 아쉬움을 달래느라 더 열심히 읽었는지도 모르겠다.

그때 이현주 목사의 책을 접하면서 적잖은 충격을 받았다. '산 정상으로 가는 길은 여러 가지가 있다. 불교의 길도 있고, 유교의 길도 있고, 기독교의 길도 있다. 다만, 진리는 하나다'란 그의 가르침은 나의 내면을 흔들어 놓았다.

그렇게 내면적으로 한참을 헤매다가 나는 주님의 품인 교회로 다시 돌아갈 수 있었다.

학교는 그만두었어도 교회는 더욱 열심히

교회에 가면 학교 다니는 친구들이 수두룩했다. 내 입장에선 그들이 부러움과 질투의 대상일 수도 있었다. 따라서 교회에 가기 싫을 수도 있었다. 하지만 교회에 가면 소외되지 않는다는 느낌이 있었다. 학교를 다니지 않는 내가 교회에서 중고등부 학생회장을 맡기도 했다. 학생들끼리도 따스함이 있었다. 선배가 후배를 챙기는 자상함도 있었다.

조간신문 배달을 하던 때에는 자전거를 타고 금요철야기도회를 다녔다. 부산 시내로 집이 이사했기에 시골 교회당까지 자전거로도 왕복 2시간이었다. 그래도 교회에 가서 기도하는 것이 즐거웠다. 금요철야기도회는 금요일 밤 10시에 시작해서 그 다음 날 오전 1~2시에 끝났다. 끝나면 얼마 쉬지도 못하고 바로 새벽신문 배달을 하러 1시간 거리를 다시 자전거를 타고 달렸다. 교회에서는 입에 침이 마르도록 칭찬을 했다.

"역시, 목사가 될 사람은 신앙 생활하는 것도 다르다카이."

그때 난 방언기도를 했다. 혀 꼬부려가며 '쏼라 쏼라'하는 기도 말이다. 성령을 받았다는 사람들이 하는 기도라고 교회에서 가르쳤다. 어떤 교단은 아예 방언기도를 못하면 성령을 받지 못한 걸로 치부하기도 했다.

그 시절 내가 잠시 옮겼던 교회에서는 '귀신'을 가르쳤다. 세상에 잘못된 모든 것은 귀신의 장난이라고 가르쳤다. 감기에 걸려도, 몸이 아파도, 집이 무너져도 모두 귀신의 작용이라고 말이다. 한때는 거기에도 심취했다.

"예수 이름으로 명하노니 귀신아 물러가라!"

이렇게 기도하면 뭔가 힘이 느껴졌다. 귀신이 예수 이름을 듣고 떠나가는 듯 했다. 이런 내 기도의 최고 절정은 아버지를 앞에 두고 하는 기도였다. 생활력이 약하고, 술을 좋아하시던 아버지를 눈앞에 두고서 "아버지 안에 있는 이 술 귀신아, 나태하고 무기력하게 만드는 귀신아, 예수 이름으로 명하노니 물러가라!"라고 기도하곤 했다. 아버지에게 삿대질을 해가며 기도했고, 아버지는 "아멘 아멘"하며 기도를 받아들였다. 장차 목사가 될 아들이었기에 이런 기도 방식에 아버지도 어쩌지 못하셨다.

지금 생각하면 참으로 아찔하고도 어처구니없는 일이지만, 그땐 그것이 최선이라고 생각했다. 종교 비평서와 사회 비평서를 접하고 있는 나였지만, '교회로부터의 가르침에 대한 절대적 신뢰'라는 굴레에서는 자유롭지 못했다. 담임목사는 신의 대리자이고, 교회는 담임목사를 통해 신이 일하신다고 하는 가르침을 어렸을 적부터 받은 결과였다.

이처럼 나는 비록 학교는 그만두었지만, 누구보다 더 신실한 기독교인이 되어가고 있었다.

4. 내게도 찾아든 바울의 천지개벽

학교를 그만둔 지 8개월이 지난 때였다. 갑자기 사는 게 싫어졌다. 아니 정확하게 말하면 내 모습이 싫었다.

계기는 있었다. 어린 나이(18세)에 이 공장 저 공장, 이 식당 저 식당을 전전하니 쉬울 리가 없었다. 가만히 나를 보니 한 직장에 오래 있지 못했다. 짧으면 한 달, 길어봐야 석 달이었다. 8개월 동안 대여섯 군데를 옮겼다. 그런 나의 모습이 징그럽게 싫었다. 결단력도 약하고, 의지도 굳지 않고, 끈기도 없고….

'나는 왜 이 꼬락서니일까. 우리 집은 왜 이렇게 가난한 걸까. 아버지 어머니는 도대체 왜 그렇게 무능할까. 교회를 다니면 복을 준다는데 나는 이게 뭔가. 하나님이 살아계신다면 나를 왜 이렇게 고생시킬까.'

이런 고민은 사실 학교를 그만두면서부터 조금씩 싹트고 있었다. 교회를 다니면서 잠시 잊고 있었을 뿐이다. '인생의 모든 것은 하나님의 뜻이니 하나님을 무조건 신뢰하라'는 목사의 설교가 나의 반항심을 억누르고 있었던 것이다. '의문을 품는 것이 죄요, 불복종은 죄라는 교회의 금기사항이 나의 이성을 잠재웠던 것이다. 하지만 이젠 봇물처럼 터져 나왔다. 쉬쉬하고 묻어두었던 것이 나의 내면에서 한꺼번에 폭발했다.

 나 자신, 부모님, 하나님 등에 대한 불만이 터져 나와 머리를 어지럽혔다. 집에서 고민하다 잠들고, 깨어나서 또 고민하고, 또 잠들고…. 한 달 정도 이런 생활을 반복했다. 힘든 노동을 하고 저녁에 돌아오시는 어머니와 아버지는 장남인 내가 그러고 있으니 한숨을 팍팍 쉬셨다. 부모님 입장에선 학교를 그만두게 한 죄가 있어서 꾸지람도 못하셨다. 그저 안타깝게 바라만 볼 뿐이었다. 지금 와서 생각하면 참 못난 자식 놈 때문에 마음고생을 제대로 하셨던 것이다.

내 마음속에 찾아든 예수님

 그래도 그동안 해오던 게 있어서 교회에는 출석했다. 사람 만나는 게 너무 싫었지만, 교회를 빠지면 하나님의 벌을 받을 것 같아 예배에는 참석했다. 금요철야기도회에도 참석했다.

 1986년 8월 어느 금요일. 그날에도 나는 교회당에 엎드려서 기도를 했다. 사실 기도가 아니라 하나님에 대한 푸념과 원망이었다. 머리는 안개 속이었고, 마음은 가라앉아 있었다. 그 순간 뭔가

내 맘속에서 꿈틀거렸다.

"상호야, 상호야."

너무 갑작스러운 음성이었다. 눈을 떴다. 아무도 없었다.

"상호야, 상호야. 네 삶의 무게가 힘들구나."

다시 눈을 떴다. 역시 아무도 없었다.

"상호야, 상호야. 왜 그리 힘들어하느냐. 부족한 너를 위해, 힘든 너의 인생을 위해 내가 십자가에서 죽지 않았니."

그제야 나는 눈치 챘다. 그토록 그리워하던 예수님이었다. 그분이 나의 마음속에서 속삭였다.

"상호야, 내가 너를 사랑한다. 내가 십자가에서 죽을 만큼 너를 사랑한다."

마음속에서 들리는 이런 음성을 제대로 알아차리는 순간, 이미 나의 마음은 기쁨의 도가니였다. 말로 표현할 수 없는 기쁨이 분수처럼 솟구쳐 올랐다. 조금 전까지만 해도 세상이 뭐 같다며 어둠 속을 헤매던 나의 마음은 오간 데 없었다.

그렇게 한참을 기쁨과 눈물의 시간으로 보냈다. 얼마나 지났을까. 눈을 떴다. 어머니가 옆에서 나를 지켜보신 듯하다. 이상한 일이 자식에게 일어난 것 같았지만, 자식의 얼굴이 아주 밝아서 어머니는 더 이상 묻지 않으셨다.

기도회 시간이 끝나고 어머니와 함께 교회당 밖을 나섰다. 새벽

이어서 아직 둥근달이 떠 있었다. 그런데 놀라운 일이 내 눈앞에 벌어졌다. 둥근달이 내게 말을 걸어왔다.

"상호야, 축하한다. 네가 만날 분을 제대로 만났구나."

성령으로 거듭난 인간이 되다

둥근달이 환하게 웃으며 축하해주던 그 장면이 지금도 눈에 선하다. 집으로 걸어가는 발걸음이 알레그로였다. 여름 새벽이니 날이 점차 새고 있었다. 거리가 너무나 깨끗해 보였고, 그 거리를 걸어가는 사람들은 모두 천사처럼 보였다. 그런 마음 상태가 몇 주일 동안 지속되었다. 이 모든 모습을 어머니는 말없이 지켜보고 있었다. 어쨌든 내 인생의 새벽은 그렇게 밝아오고 있었다.

천지개벽의 체험이 있었던 그날 이후, 나에게 많은 변화가 찾아왔다. 그것은 환경의 변화가 아니라 내면의 변화였다.

원래 나의 성격은 전형적인 '소심한 A형'이었다.

"사내자식이 삐치기도 잘하고, 눈물도 많고, 의지도 약하고, 수줍음도 잘 타고. 어디다 쓰겠냐?"

어릴 적부터 늘 듣던 말이다. 이런 성격 때문에 학교를 그만두고 나서도 한 직장에서 꾸준히 다니지 못했는지도 모른다.

어쨌든 적극적으로 바뀌었다. 할 말은 바로바로 했다. 하겠다고 마음먹으면 어떻게든 해내려고 안간힘을 쓰고 있었다.

한동안은 급격한 성격의 변화를 나 스스로 감당하지 못해 힘들기도 했다. 소극적인 사람이 적극적으로 행동하고, 말도 주저 없이 하다 보니 조절이 되지 않았다. '말 하는 것을 자제해볼까. 적극적으로 행동하는 것을 눌러볼까' 등 새로운 고민이 생길 정도였다. 지금 생각해도 내 성격의 변화는 참으로 신기한 일이었다. 나도 모르는 어떤 에너지에 의해 나는 하루하루 변해가고 있었다. 교회 말로 '성령으로 거듭난 인간'이 된 것이다.

5. 신학교 입성, 그리고 군 입대

성격과 내면의 변화는 생활방식에도 변화를 가져왔다. 그때부터 검정고시 졸업이라는 목표를 두고 본격적으로 공부하기 시작했다. 직장을 다녔지만 무리를 해서라도 검정고시 학원에 나갔다. 열아홉 살이 되던 1987년 8월에 검정고시를 모두 합격했다. 성적도 꽤나 잘 나왔다. 비로소 고등학교 졸업장을 딴 것이다.

스무 살이 되던 해에는 신학교에 입학했다. 고등학교를 그만두고, 돌고 돌아서 결국 학교 다니던 또래 친구들과 같은 해에 신학교에 진학하게 된 것이다.

내가 다니던 학교는 조그마한 신학교였다. 정식명칭은 '기독교대한성결교회 부산신학교'였다. 신학교 건물이 따로 없어서 부산의 한 교회 교육관을 빌려서 운영하고 있었다. 학생 수는 한 학년당 20여 명. 전교생이라 해봐야 80~90명 정도인 작은 신학교였다. 교수는 현직 목사들이 대부분이었다. 당시에는 문교부 학력인가가 되지 않은 신학교였다. 그렇게 규모는 작아도 목사 자격증을 취득하는 데는 전혀 지장이 없었다. 성결교단에서 목사를 양성하기 위해 세운 신학교였기 때문이다. 나는 신학교 졸업 후 교단에서 운영하는 목회대학원 코스까지 밟았다.

가정천국을 만드는 주역이 되다

학교를 그만둔 이후 독서가 취미가 되었던 나는 신학을 공부하는 게 즐거웠다. 그동안 내가 궁금했던 부분을 강의와 독서를 통해 알아가는 즐거움은 대단했다. 시험을 치면 성적이 1~2등을 다퉜다. 나의 고향 교회에서도, 신학교에서도, 나는 또 다시 자랑스러운 존재로 각인되어 가고 있었다. 무엇보다 부모님의 기쁨은 이루 말할 수 없었다. 나는 다시 '호랑이'로 커 가고 있었다.

나의 꿈도 야무졌다. '천지개벽 체험' 이전에는 꿈도 못 꾸던 꿈이었다.

'지방 신학교 출신이지만 한국에서 둘째 가라면 서러운 대형교회를 운영하는 목사가 되겠다. 순복음교회 조용기 목사님처럼 되고 말테다.'

나의 변화는 가정에도 큰 영향을 주었다.

사실 어린 시절 우리 집의 분위기는 엉망이었다. 어린 시절 내 기억 속의 아버지와 어머니는 늘 싸우고 계셨다. 술을 좋아하시고 무능력했던 아버지, 남자보다 더 굳건한 의지를 가지고 집을 꾸려 오셨던 어머니, 이 두 분은 늘 부딪치셨다.

초등학교 5학년 때였다. 아버지와 어머니가 싸우시는 현장에 나도 있었다. 아버지가 어머니 위에 올라타서 야구방망이로 어머니를 구타하고 계셨다. 나는 긴 대나무를 가지고 야구방망이를 걷어 올리다가 아버지에게 얻어맞았다. 어머니는 머리에 피가 나셨다. 겨우 싸움이 끝났다. 아버지는 술을 마시러 바깥에 나가셨다. 나는 솜과 반창고를 어머니 머리에 붙여 드렸다. 이렇게 힘든 하루를 지내고도 어머니는 어김없이 막노동 공장으로 출근하셨다. 어머니는 집에서 어떤 일이 있었어도, 그 다음 날 절대 결근하시는 법이 없었다. 반면, 아버지는 그런 싸움이 있고나면 몇 날 며칠을 술만 잡수셨다.

어머니는 남자도 일하기 힘든 공장을 다니셨다. 건축자재(시멘트 블록)를 제조하는 공장이었다. 요즘이야 기계로 블록을 나르지만, 그때는 사람이 일일이 날라야 했다. 차에 블록을 싣는 것도 일일이 사람이 집게로 들어 올렸다. 어머니는 이런 일을 하셨다. 물론 아버지도 놀지는 않으셨다. 개를 키워 파셨고, 풍선 장사도 하셨고, 경운기 화물도 하셨다. 나름 노력을 하신 것이다. 다만 눈에 띄는 결과물이 부족했다. 또 자주 직업을 바꾸셨다. 그러고 보면 예전의 내 성격은 딱 아버지 판박이였다.

세상에서 제일 미운 사람, 심하게는 죽이고 싶었던 사람, 그가 바로 나의 아버지였다. 내가 사랑하는 어머니를 개 패듯 패시는 아버지, 무능력해서 집안을 책임지지 못하고 어머니가 책임지게 만들었던 아버지, 내게 학교를 그만두게 했던 아버지, 자기 밖에 모르던 이기적인 아버지 등의 모습은 아버지에 대한 적개심으로 내 마음을 불타게 했다.

이런 아버지에 대한 나의 증오심이 '천지개벽' 이후 조금씩 변화가 생겼다.

'아버지인들 그러고 싶었을까. 당신의 뜻대로 일이 되지 않으니 그러셨겠지. 아버지도 어렸을 적에 부모님을 빨리 잃고 혼자 크다 보니 가족을 사랑하는 법을 모르셔서 그랬겠구나. 넓게 보면 아버지도 인생의 사슬에서 피해를 본 피해자이셨구나. 아버지도 참 불쌍한 분이셨구나.'

진심으로 이해를 하게 되었다. 이런 마음은 어머니에게도, 동생에게도 전염이 되었다. 아버지에게도 이런 마음이 전해졌다. 우리 가정은 거의 매일 가정예배를 드렸다. 목사후보생이었던 내가 예배를 인도했다. 설교도 했다. 찬송 소리가 늘 울려 퍼졌다. 그야말로 가정천국이 따로 없었다. 내가 군에 가기 전 2년 세월은 우리 가정 역사상 가장 행복했던, 꿈만 같은 시간이었다.

'하나님 빽'으로 군종병이 되다

대한민국 남성이면 다 가는 군대를 나도 가게 되었다. 신학교를 휴학하고 군에 입대했다. 논산훈련소를 거쳐 제2수송교육대에서 운전교육을 받았다. 군에 가기 전에 따 놓은 운전면허증 때문이었다. 자대를 배치 받았다. 경기도 이천에 있는 항공사령부였다. 쉽게 말해 '헬리콥터' 부대였고, 공군이 아니라 육군부대였다. 군에서 운전이나 열심히 하다가 가겠구나 싶었다.

그러던 어느 날이었다. 항공사령부 대기병 시절이었다.

"사회에서 신학교 다니다 온 놈 손 들어봐."

항공사령부 군종병이 제대를 얼마 안 남겨두고, 후임자를 구하고 있었다. 후임병이 오지 않아 애를 태우고 있었던 모양이다.

"이병 송상호. 사회에서 신학교 다니다 왔습니다!"

"몇 년 다녔냐?"

"1년 다니고 휴학했습니다!"

"그래, 그럼 이번 주일에 교회로 와라."

이렇게 시작된 인연으로 계획에도 없던 교회 군종병이 되었다. 교회로 배치 받으니 고참병들이 나를 막 괴롭히기 시작했다.

"너 도대체 어떤 '빽'을 썼냐. 너네 아버지 국방부에 계시냐?"

나는 속으로 대답했다. '쓰긴 썼지. 하나님 빽…'

모든 게 하나님의 인도하심으로 잘 되어 가는 듯 보였다.

6. 있을 수 없는 어머니의 죽음

날짜와 숫자 개념이 약한 내게도 도저히 잊을 수 없는 날이 있다. 바로 1991년 8월 23일이다. 그날따라 교회 일을 하다가 유난히 잠이 쏟아졌다. 낮이라 화장실에서 볼일 보는 척하고 앉아서 졸고 있었다.

"야, 송상병! 송상병! 어디 있냐?"

다급한 선임하사의 목소리였다.

"선임하사님, 화장실에 있습니다."

볼일 본 척하려고 물을 내렸다. 바지를 올리는 시간을 계산해서 화장실 문을 조금 있다가 열었다.

"야, 너 지금 이럴 시간 없어. 빨리 부대에 올라가봐!"
"무슨 일입니까?"
"너의 어머니가 돌아가셨다는 소식이야."
 귀를 의심했다. 선임하사가 뭔가 잘못 알고 있다고 확신했다. 며칠 전에도 전화로 통화한 어머니였다. 다시 물었다.
"선임하사님께서 뭔가 잘못 알고 계신 거겠죠."
"빨리 올라가봐. 부대에서 아까부터 널 찾고 있어."
 지금이 어떤 감정인지 추스를 새도 없이 부대로 뛰어 올라갔다. 부대에서 전보를 보았다.
'송상호 모친 사망하다.'
 그때까지만 해도 믿기지 않았다. 부대에서 집으로 전화를 걸었다. 둘째 동생이 전화를 받았다. 동생이 한참을 흐느끼다 겨우 말을 이었다.
"형, 엄마가 돌아가셨어. 빨리 와!"
 동생의 목소리를 듣자 사실이 아니었으면 했던 그 모든 사실이 가슴으로 확 다가왔다. 아닐 거라고 철저히 믿고 있었던 내 맘 깊은 곳에서 그제야 울음이 터져 나왔다. 그 자리에서 무릎을 꿇었다. 도저히 있을 수 없는 일이었다. 꿈에도 생각하지 못한 일이었다. 이제 겨우 마흔일곱 나이의 어머니였다.

아버지가 지은 집에 깔려 돌아가신 어머니

휴가증을 받아 부산으로 향했다. 열차를 탔다. 밤새도록 열차는 쉼 없이 달렸다. 나의 눈물도 멈추지 않았다. 열차 안이라 눈물을 숨기며 우느라 애를 먹었다.

도착한 곳은 영안실이었다. 아버지는 나를 보자마자 끌어안고 대성통곡을 하셨다. 동생들도 나를 붙잡고 흐느꼈다. 상복을 입으면서 또 한없이 울었다. 그 모습을 지켜보던 친척 어르신들도 우셨다.

부산의 한 공원묘원에 어머니를 묻어 드렸다. 어머니를 묻어 드리고 내려오는 버스 안에서의 느낌은 지금도 잊을 수가 없다.

'왜 내가 거기 갔었지. 내가 도대체 무슨 짓을 하고 온 거야. 무슨 일이 있었던 거지.'

이쯤에서 어머니가 왜 돌아가셨는지 말해야겠다. 우리 집은 무허가 건축물이었다. 산 바로 밑 국유지에 아버지와 우리 가족이 함께 손수 집을 짓고 살았다. 블록을 쌓고 시멘트로 벽을 발라 만든 집이었다. 비록 남의 땅에 지은 집이었지만, 생애 최초로 생긴 우리 집이었기에 가족 모두는 감지덕지였다. 물론 가끔 동사무소에서 불법 건축물이라고 벌금을 내라고 하긴 했지만 말이다.

1991년 8월 23일. 그날도 어머니는 블록 공장에서 야간작업을 하고 집으로 돌아오셨다. 저녁에 있을 야간작업을 위해 집에서 주무셨다.

그날은 태풍 글래디스가 부산을 강타한 다음날이었다. 아버지는 산 밑에 지은 집을 건사하느라 산을 오르락내리락 하셨다. 아무래도 기운이 심상찮았지만 일에 지친 어머니를 차마 일찍 깨우지 못하셨다. 뒷산에 올라가서 상황이 안 좋으면 어머니를 깨우겠다고 마음먹고 산에 올라가는 순간, 동생이 태풍 때문에 교회를 갈까 말까 고민하다가 교회를 가려고 집을 나서는 순간, 바로 그 순간에 산사태가 밀어닥쳤다.

"여보, 여보! 일어나. 안 돼! 안 돼! 안 돼…."

아무리 크게 소리 지른다고 어머니가 깰 리 만무했다. 워낙 순식간에 일어난 일이라 더욱 그랬다. 아버지는 그렇게 당신의 눈앞에서 어머니를 생매장시켜 버렸다. 당신이 손수 지으신 집 아래에다 당신의 아내를 묻어 버렸다.

아버지는 그 후로 자신 때문이라는 죄책감에 평생 시달리셔야 했다.

어머니의 죽음, 그 이후

　어머니의 죽음, 그 이후 나의 군 생활은 온통 눈물이었다. 교회 행사를 하다가 갑자기 어머니가 미치도록 보고 싶어지면 밖으로 뛰쳐나갔다. 어딘가에 살아계실 것만 같은데 다시는 볼 수 없다는 사실에 직면하면 가슴이 터질 것만 같았다.
　'이건 꿈이야, 꿈. 이럴 순 없어….'
　수없이 되새기고 되새겨도 눈물이 억제가 되지 않았다. 내무반에서 혼자 걸어서 교회로 가는 길에 뿌린 눈물은 바다를 이루었다. 휴가를 받아 군부대를 나올 때도 '나는 이제 어디로 가야 하나'라는 생각에 눈물이 앞을 가렸다.
　휴가를 받아 집에 도착해보면 집은 엉망이 되어 있었다. 아버지는 날마다 술에 취해 사셨다. 동생들은 그런 집이 싫어 집을 자주 비웠다. 휴가 나와서 놀러 갈 때도 없었고, 그러기도 싫었다. 겨우 아버지를 추스르고 군에 복귀해야 했다. 부대생활 하면서 모아 둔 월급 몇 만원을 쪼개어 아버지에게도 드리고 동생들에게도 주었다. 그리고 편지를 써놓고 복귀했다.
　"사랑하는 동생들아, 우리 힘내자! 내가 제대할 때까지만 잘 버텨라."
　부대에 복귀해서 군 생활을 했다. 특히 견디기 힘든 날이 추석,

설날 등 명절이었다. 사병들은 휴가를 간다, 집에 전화를 한다며 마음이 한참 들떠 있을 때다. 사람들이 즐거워하는 날일수록 어머니에 대한 그리움은 뼈에 사무쳤다.

어머니 별세 1주년인 1992년 8월 23일, 그날은 너무나도 힘들었다. 내무반에도, 교회에도 있지 못하고 혼자만의 공간에 있었다. 어머니 없이 1년을 보냈다는 마음에 설움이 북받쳐왔다. 가슴을 쓸어내리며 거의 하루 종일 눈물을 쏟아냈다. 다행히 그때는 병장이어서 별로 간섭 받지 않고 나만의 공간에서 시간을 보냈다. 물론 그 후로도 어머니에 대한 그리움은 줄어들지 않았다.

누가 그랬던가. 국방부 시계는 거꾸로 매달아 놓아도 간다고. 고졸인 나는 30개월을 꽉꽉 채워 군 생활을 마치고 제대했다.

7. 극적인 결혼과 주경야독

제대하고 돌아온 집은 장소가 바뀌어 있었다. 가족들은 태풍피해 보상으로 얻게 된 10평짜리 영세민 아파트로 옮겼다. 하지만 아버지와 동생들의 생활은 여전히 엉망이었다.

일단 새벽신문 배달부터 시작했다. 낮에는 교회를 도와 무보수로 일을 했다. 옮긴 교회가 개척교회여서 경제적 자립이 되지 않아서였다. 교회 이름으로 조그만 제품을 사서 팔러 다녔다. 그땐 정말 순수한 마음으로 교회를 일으켜 세우려 했다. 나의 가정이 어려웠어도, 교회를 먼저 생각했다. 물론 이것도 오랜 교회 생활을 통한 습성이었으리라.

우격다짐으로 결혼승낙 받아

"상호야, 니 여자 한 번 안 만나 볼라나?"
 신학교를 다니고 있었던 친구가 물었다. 사실 혼자서 아버지와 동생들을 건사하는데 지쳐 있을 무렵이었다. 내게도 결혼할 여자가 있었으면 하는 바람이 싹트고 있었을 때였다. 하지만 아무것도 준비되지 않은 현실은 그저 바람으로만 머물게 하고 있었던 때였다.
 "어디 참한 아가씨가 있나 보제. 있으면 소개시켜도."
 그렇게 만난 지금의 아내. 물론 결혼을 전제하고 만난 건 아니었다. 다만 마음이 외로워서 기대고 싶었는지 모른다. 그렇게 한 번 두 번 만나다가 나의 마음속에 확신이 싹텄다.
 '그래 이 여자를 붙잡아야겠다. 이 여자가 나의 반쪽이다.'
 부산 바닷가로 데이트를 갔다. 모래사장 위에서 고백을 했다. 아무런 준비도 없이. 언제 프로포즈라는 걸 해봤어야지. 들어나

봤어야지….

"저기요. 당신을 사랑합니데이. 저와 결혼해주이소."

참 멋대가리 없는 프러포즈였다. 아내는 눈만 멀뚱멀뚱했다. 전혀 감동이 없는 눈치였다. 만난 지 2개월 조금 지나서였다. 그렇게 나의 프러포즈는 불발한 듯 보였다.

그런데 아내는 내가 미안해할까 봐 나를 국수집으로 데려갔다. 굳이 저녁을 사주었다. 그렇게 마음 써주는 아내가 고마웠다. 마음속에선 '이렇게 좋은 여자를 포기하면 안 돼!'라고 소리치고 있었다.

그 후에도 다행히 우리 사이는 깨지지 않았다. 프러포즈는 유야무야 되었지만, 우리의 사귐은 계속 깊어만 갔다. 만난 지 5개월 만에 우리는 누가 먼저랄 것도 없이 결혼할 것을 약속했다.

처가에 결혼 승낙을 받으러 아내와 함께 부산에서 진주로 떠났다. 처가에서는 집안 어르신들이 나를 보러 많이들 오셨다. 내게 이 질문 저 질문을 던지셨다. 아내의 작은 어머니가 말씀하셨다.

"내사 마 하나도 맘에 안 찬데이. 재산도 없고, 장남이고, 홀시아버지 모셔야 하고, 아직 신학교 졸업도 안 했고. 하다 몬해 키도 작고, 눈도 작고…."

그랬다. 다 맞는 말이었다. 아직 나는 신학교에 복학도 안 했으니 말이다. 그 자리에서 보기 좋게 거절당했다. 아내의 마음이 흔들렸다.

그 다음 날, 나는 아내 몰래 처갓집을 찾았다. 승낙해주지 않으면 여관에서 자고, 다음 날 또 찾아갈 각오로 말이다.

"지가 가진 거는 없어도 그 사람을 행복하게 해줄 자신은 있심더. 주위 모든 사람들이 지보고 효자라 캅니더."

"내사 마 모르것다. 너그들 맘대로 하거래이."

몇 시간 동안의 '사투' 끝에 건진 승낙이라고 판단을 내렸다.

다행히 처가에서는 결혼 당일에 대형버스를 대절해 결혼식에 참석해주셨다. 결혼 당일까지도 오실지 말지 확신이 서지 않았기에 기쁨은 두 배였다. 결혼식은 내 주머니에 돈이 없어서 당시 200만원을 빚 내 치렀다. 내 나이 25세에 치른 결혼식이었다. 아무것도 가진 게 없고, 볼 것도 하나 없는 내게 와 준 아내가 고맙고 또 고마울밖에.

기가 막힌 가정상황, 아내의 충격요법

신혼여행의 달콤한 꿈은 잠시였다. 우리 둘은 가난하고 처절한 현실에 직면하게 되었다.

아버지의 '술 먹고 추태부리기' 행각은 여전했다. 10평 아파트에서 조그만 방은 아버지가, 조금 큰 방은 우리 부부가 차지하고 살았다. 남편인 나는 여전히 새벽신문을 배달하고, 낮에는 교회 일을 무보수로 하고 있었다. 경제적으로 쪼들릴 수밖에 없었다. 설상가상으로 군에서 제대한 나의 막내 동생이 우리와 같이 생활했다. 나와 아내, 그리고 동생이 한 방에서 잠을 자야 했다.

그런 생활이 이어지던 어느 날, 아내가 나에게 할 말이 있다고 했다. 조용한 곳으로 갔다. 아내가 입을 열었다.

"여보, 나 사실 집을 뛰쳐나가고 싶은 적이 한두 번이 아니었어."

청천벽력이었다. 평소 말이 없던 아내였다. 잘 견디고 있는 줄로만 알았다. 하지만 모두가 나의 착각이었다. 아내는 대책 없는 현실의 벽에 짓눌려 신음하고 있었던 것이다. 단지 표현을 하지 않았을 뿐이었다. 나도 참 둔한 놈이긴 하다.

아내의 충격요법은 나에게 통했다. 나는 교회 일을 그만두었다. 실속을 차리기 시작했다. 아내의 권유로 신학교도 복학했다. 야간 공부였다. 낮엔 장사를 했다. 조그만 트럭 한 대를 할부로 구입해서 계란 장사를 시작했다. 과일도 팔고, 화장지도 팔았다.

"흰자가 어려 있고, 노란 자가 똥실똥실한 계란이 왔심더. 자, 싱싱하고 맛있는 계란 사이소. 계란……."

낮엔 차에 물건들을 싣고 다니며 이런저런 장사들을 했다. 말 그대로 주경야독이었다.

다시 찾은 신학교이기에 공부는 더욱 절실했다. 여전히 성적은 잘 나왔다. 하지만 신학교에서의 나의 자세는 조금 달라졌다. '조용기 목사처럼 대형교회를 하겠다'는 꿈은 진즉에 접은 상태였다. 이젠 '큰 사람이 아니라 진실한 사람이 되어야겠다'고 마음을 먹고 있었다.

8. 교인들과 한 가족이 된 전도사 생활

"교회 전도사 한 번 안 나가보실란교?"
"어데 괘안은 자리라도 있심니꺼."
"하모예. 동래구 명장동에 전도사 자리 하나 났심더."
"소개시켜주시모 지야 좋지예."

지인의 소개로 신학교 3학년 때 전도사로 근무하게 되었다. 그동안 트럭으로 장사하고 우유 배달하던 것을 접고, 교회로 입성했다.

교인 수는 100여 명. 담임목사는 나의 아버지뻘 되고, 교인들도 주로 장년층과 노년층이었다. 부산 시내에 있는 교회였지만, 분위기는 거의 시골 교회 분위기였다.

전도사는 거의 초인적인 역할을 해야만 했다. 유초등부 담당, 중고등부 담당, 청년부 담당, 교회차량 운전, 담임목사 보좌 등등. 전도사 초창기엔 힘에 부쳤다. 새벽기도회 차량 운행까지 했으니 오죽했으랴.

초창기 혼자서 다할 때는 능률은 오르지 않고 힘은 힘대로 들었다. 하다 보니 요령이 생겨서 역할 분담을 했다. 유초등부 부장, 중고등부 부장, 청년부 회장 등이 역할을 잘 하도록 했다. 새벽기도회 차량 운행을 하지 않고 나서부터는 좀 살만 했다. 시간이 조금씩 지나면서 자리를 잡아갔다.

'예수천국, 불신지옥'을 외치다

학생들과 청년들과는 친구처럼 지냈다. 예배가 끝나고 나면 거의 매번 학교운동장에 가서 그들과 함께 땀을 뻘뻘 흘려가며 축구를 하곤 했다. 내가 축구를 좋아해서다. 여자 청소년들도 함께 축구를 하니 얼마나 재미있었던지. 지금도 그때 축구했던 기억이 새록새록 떠오른다.

또 일주일에 한 번 정도는 바닷가에 갔다. 교회에서 해운대와 송정 바닷가까지는 차로 15분 거리였다. 모임이 조금 늦게 끝나거나, 기분이 좋으면 여지없이 바닷가로 '고고씽'이었다.

"전도사님요, 오늘 어떠심니꺼?"

"그거 좋지."

"오늘도 컵라면 사주시능교?"

"두말하면 잔소리제."

"역시 우리 전도사님이 최고라카이."

바닷가에 도착해서도 축구다. 공 하나 놓고 백사장에서 신나게 뛰어 놀았다. 백사장은 조금 깜깜해도 해변 상가의 불빛이 밝아 환상적인 축구경기장이 됐다. 백사장은 때로는 배구공 하나로 비치발리볼 경기장이 되었고, 배드민턴 경기장도 됐다. 술래잡기도 하고, 그들 중 누군가를 물에 처박아 넣기도 했다.

그렇게 신나게 뛰어놀다가 배가 고프면 내가 컵라면을 샀다. 그때 먹는 컵라면은 둘이 먹다 하나가 죽어도 모를 맛이었다. 그들과 모래사장에서 쌓은 추억만 해도 한 트럭은 넘을 것이다.

교회 할머니들과도 잘 지냈다. 원래부터 싹싹한 나의 성격 탓에 어른들이 좋아했다. 교회에서 장을 본다고 하면 차량을 운전해 같이 장도 보았다. 어른예배 때는 찬양인도도 했다. 노래도 힘차게 잘 부르니 노인네들이 좋아했다. 젊은 기운이 뿜어져 나오니 오죽했으랴.

교회 사역 5년 동안 나는 그들과 가족처럼 지냈다. 남녀노소 누구나 할 것 없이 정겹게 지냈다. 담임목사도 이런 나의 모습을 좋아했다.

청소년 수련회를 기도원으로 가면 거의 부흥회가 열렸다. 학생들과 청년들, 그리고 같이 따라온 집사와 권사들은 마지막 날 저녁 집회를 기대했다. 뜨겁게 찬양하고, 미친 듯이 울부짖으며 기도하는 시간이 있었다.

"요즘 과학이 발달해서 예수를 믿는다는 사람들조차도 천국과 지옥을 부인하는데 그건 아이지예. 천국과 지옥은 반드시 있심니더! 예수 믿지 않으면 지옥 가고, 예수 믿으면 천국 간다는 것은 만고불변의 진리 아이겠능교. 이 시간에 살아계신 하나님 앞에서 회개하이소! 예수님의 십자가 보혈로 죄 씻음 받으이소! 이것이 하나님의 뜻입니다. 믿습니꺼?"

이런 설교를 내가 했다. 대충하지 않았다. 목이 터져라 외쳤다. 속 깊은 곳에서 끓어오르는 목소리로 열변을 토했다. 내용은 둘째 치고 그 기운에 압도당해서라도 청중들은 감동을 받았으리라. 얼마나 고래고래 고함을 질렀던지, 끝나고 나면 거의 목이 잠겼다.

그렇게 외치고 나면 중고생과 청년, 집사와 권사들이 눈물과 콧물을 흘리며 회개의 울음바다를 만들었다. 서로 얼싸안고 "미안하다, 사랑한다"는 분위기가 연출되곤 했다. 돌아가면서 서로 손 잡아주며 좋은 말까지 해주는 분위기도 연출되었다.

말 그대로 천국이 따로 없었다. 이 맛을 못 잊은 어른들은 청소년 수련회라도 꼭 따라오곤 했다. 나의 외침은 적어도 그땐 진실이었다. 나는 예수를 믿지 않으면 지옥 간다는 것을 누구보다 철저히 믿었다.

마음속의 딜레마가 된 교회의 모순

그런데 조금씩 시간이 지나면서 교인들의 어려움을 알게 되었다. 목사는 일요일을 몸도 맘도 쉬는 날이라고 설교한다. 하지만 현실은 정반대였다. 일주일 중 일요일이 제일 바쁜 교인들이 많았다. 그들은 일요일 새벽부터 새벽기도회를 위해 교회를 나왔다. 끝나면 집에 가서 밥을 먹는 둥 마는 둥하고 아침 9시에 맞춰 유초등부 교사를 했다. 그걸 끝내고 나면 바로 성가대 연습을 하고 어른예배를 드렸다. 점심을 먹고 좀 쉬었다가 중고등부 교사들은 또 교사활동을 했다. 그 다음 대충 저녁 먹고 저녁예배를 드렸다. 저녁예배가 끝나면, 다음 주 성가대 곡을 연습했다. 다 마치고 나면 저녁 9시. 새벽 5시부터 저녁 9시까지 쉴 틈도 없었다.

교회를 위해 그렇게 봉사를 해야만 믿음이 좋다고, 하나님이 기뻐하신다고 목사는 설교를 한다. 신기한 것은 교인들 또한 그것이 당연하듯 '아멘'이라고 받아들인다. 중간에 쉬거나 게으름을 약간 피우면 스스로 죄책감을 느낀다. 다들 힘들어하면서도 꾸역꾸역 해낸다.

솔직히 목사나 전도사는 교회에서 주는 대가라도 받는다. 직업이기 때문이다. 하지만 교인들은 직업이 아니다. 그들은 평소 가정도 꾸려야 하고 직장 일도 해야 한다. 여성 신자들이 일요일에 하루 온종일 교회에 와서 살면, 그들의 남편과 자식들은 일요일에 방치된다. 하지만 하나님의 교회를 위해 그쯤은 감수해야 한다고 가르치고 믿는다.

우리 교회의 목사는 상당히 인격적으로 좋은 분이었다. 사람도 점잖았다. 그럼에도 교회라는 메커니즘 속에선 교인들에게 순종과 충성을 강요할 수밖에 없었다. 언제나 하나님이 제일 기뻐하시는 것은 '순종'이라고 가르쳤다. 하나님께 대한 순종은 교회에 대한 충성과 목사에 대한 순종으로 나타난다고 모두들 믿고 있었다.

그들과 나는 관계가 좋았다. 나의 사역도 그들에게 인정받았다. 목사와도 관계가 좋았다. 하지만 교회의 모순은 점차 내 마음속에서 딜레마의 늪이 되고 있었다.

9. 출애굽, 아닌 '출부산'

부산신학교 출신 목회자들의 동창회 모임에 가면 늘 말이 들려왔다.

"서울신대 목사 새끼들이 우리 자리를 다 차지하니 우리끼리 뭉

쳐야 산데이. 그들은 좋은 교회를 다 차지하는데 우리도 손 놓고 있을 수만은 없는 기라. 하모."

목회자들도 중앙권력과 지방권력 간의 견제가 심했다. 부산신학교 출신 목회자들의 열등감과 서울신대 출신 목회자들의 우월감이 군데군데서 스파크를 일으켰다. 기득권자와 피기득권자 간의 알력이 대단했다.

사실 나는 이러한 현상이 아주 싫었다. 설교로는 항상 '주님 안에서 우리는 하나다'라고 하면서 실제로는 '내 파벌 안에서만 우리는 하나다'라는 메커니즘이 역겨웠다. 교회 안에서 교인들끼리 파벌을 만들면 하나님의 뜻이 아니라며 질책하던 목회자들이 아니었던가.

이런 저런 독서로 인해 '이건 아닌데' 하는 생각은 자꾸 커져만 갔다. 여기에 있으면 나도 '그 나물에 그 밥'이 될 거라는 위기감도 함께 커져 갔다.

세기를 넘어 '출부산'하다

"여보, 나 서울 가고 싶은데…."
"뜬금없이 무슨 일인교?"
"그게 아이라, 전에부터 계속 생각한 긴데…."

"아니 자다가 봉창 두드리는 것도 아이고 무슨 귀신 씨나락 까묵는 소리를 하는교."

아내 입장에선 당연한 말이었다. 교인들과 목사와도 잘 지내고 있었다. 전도사 사례비도 괜찮았다. 그때까지 살아오면서 내 생애 최고로 받은 월급 액수였다. 100만원 남짓한 월급이었지만 말이다. 전도사 사택도 교회에서 주었기에 아버지로부터 분가도 했다. 우리로선 아쉬울 게 없었다. 목회자 사이에서도 우리 부부는 평판이 좋았다. 한 교회에서 성실하게 일했기에 인정받는 목회자 부부였다.

한 번 찍어 넘어가지 않는 나무는 넘어 갈 때까지 찍어야 되는 법. 나는 자꾸만 아내를 졸랐다.

"여보야 서울 가자. 나 여기서 도저히 몬 살겠다카이."

열 번 찍으니 마침내 나무가 넘어갔다. 아내도 두 손을 들었다. 승낙 아닌 승낙을 했다. 그 길로 우선 담임목사에게 요청을 했다. 교회를 그만두고 서울로 가겠노라고. 교인들에게도 공표했다.

"전도사님, 와 갈라 카시능교. 우리는 이해가 안 되네예. 뭐가 아쉬워서."

그도 그럴 것이 나의 아내는 당시 둘째 아이를 임신한 지 6개월째였다. 교인들도, 청소년과 청년들도 나를 설득하지 못하자 차선책을 내놓았다.

"그라모 전도사님요. 얼라라도 놓고 가이소. 사모님 몸도 무거운데 그라이소 마."

살짝 흔들렸던 나의 마음을 다잡았다. 아이를 놓고 나면 또 클 때까지 있어야 될 것 같아서다. 교인들에게는 거짓말로 둘러댔다.

"집사님들, 권사님들, 지가 서울 가서 공부 더해서 훌륭한 목사 될라캅니다. 보내주이소."

그제야 교인들도 나를 붙잡는 것을 포기했다. 우리 부부가 교회를 그만두던 날, 교회는 울음바다가 되었다. 어르신들도 "전도사가 그만두면서 이렇게 섭섭하게 울어본 적도 처음이다"면서 서운해 했다.

그렇게 아쉬운 작별을 하고 경기도 광주군 실촌면으로 이사를 했다. 곤지암 옆 동네였다. 무작정 이사를 하려다가 가정을 생각해서 선배가 경영하는 장애인 시설 교회 옆으로 간 것이다. 우리 가족은 선배가 알아봐준 시골 흙집으로 이사를 했다. 당시 돈 200만원으로 보증금을 걸었다.

그렇게 이사한 날이 1999년 12월 말경이었다. 며칠이 지나자 2000년이 되었다. 20세기에서 21세기로 넘어가는 길목에 세기를 걸쳐서 이사가 이루어졌다. 내 개인적으로도 크나큰 전환의 날이었다. 다른 사람에겐 모르지만, 적어도 나에겐 구약성서에 나오는 출애굽 사건과도 같았다.

이사 간 안성 장애인 시설에서 쫓겨나

무일푼으로 옮긴 경기도 생활이 쉬울 리는 없었다. 당장 입에 풀칠할 고민부터 해야 했다. 중고 트럭을 한 대 샀다. 그리고 고물장수를 시작했다. 집집마다 거리마다 돌아다니면서 무작위로 고물을 주워 모았다. 주워 모은 고물을 고물상에 내다 팔았다. 주일엔 장애인 시설 교회에서 장애인들과 함께 예배를 했다. 평일에도 장애인의 발이 되어 차량운행을 했다.

고물상을 하다가 경찰서에 잡혀갈 뻔한 사건도 생겼다.

고물을 대주는 고정업체가 없는 나로선 개미처럼 열심히 고물을 모았다. 그날도 무작위로 고물을 모으고 있었다. 고물을 찾아 이리저리 오가다 길가에 넘어진 도로 표지판을 발견했다. 나는 넘어진 지 오래된 걸로 판단하고 고물 차에 실었다. 그런데 지나가던 시민이 그만 112로 범죄 신고를 했다. 나는 꼼짝없이 잡혔다. 죄목은 '공공시설물 훼손 및 절도죄'였다. 차에 공공시설물을 실었으니 죄질이 나쁘다는 것이다. 한참 조서를 꾸미다가, 장애인 시설장의 도움으로 겨우 풀려나기도 했다. 그렇게 1년을 장애인 시설 교회와 함께 했다.

그러던 2001년 1월, 드디어 안성으로 이사를 했다. 장애인 시설이 안성 일죽면에 지어지면서 원목으로 가게 되었다. 그때까지만 해도 이사로 인해 앞으로 겪어야 할 고난이 그렇게 많을 줄은 꿈에도 생각 못했다.

장애인 시설 주변에 전운이 감돌았다. 마을 주민들의 시선이 곱지 않았다. 마을 주민들이 우리 시설 장애인들의 행동을 일거수일투족 감시하는 듯했다. 알고 보니 '혐오시설'이 들어왔다고 경계하고 있었다. 가끔씩 마을 주민들이 찾아와 난동을 부리기도 했다.

"아니 당신들 말이야. 장애인들 데리고 뭐하는 거야. 여기가 어디라고."

급기야 이사 3개월 만에 일죽면 사무소에서 담판이 났다. 마을 주민들과 면장, 파출소장, 시청 공무원 등과 우리 측 사람 두 명이 면사무소에 앉아서 결론을 냈다. 우리가 포기하기로 말이다.

장애인들은 원래 살던 경기도 광주로 이주를 했다. 우리 가족만 오갈 데가 없어졌다. 결국 우리는 옆 마을로 이사를 했다. 돈이 없어 카드빚을 내어 집을 얻었다. 안성에 이사 온 지 3개월 만의 일이었다.

카드빚을 내서 집을 옮겼으니 그 빚을 갚느라 죽을 똥을 쌌다. 막노동을 하며 갚아 나갔다. 하지만 1년이 넘어도 다 못 갚다가 결국 친척의 도움을 받아 다 갚았다.

이사 간 곳이 시골 흙집 마당에 10평 정도로 교회당을 지어 놓은 곳이었다. 말하자면 그 마을의 교회였다. 전임 목사에게 우리가 교회당과 사택을 산 셈이었다. 뒤에 알게 된 일이지만, 그 집은 300만원에 내어 놓아도 안 팔리던 집이었단다. 그런 집을 우리는 1000만원에 사서 들어간 것이다. 전임 목사에게 사기를 당한 셈이었다.

거기서 교회도 개척했다. 2002년도에 목사 안수도 받았다. 전화위복, 이를 두고 한 말이 아닐까.

10. 무신론자인 목사의 아이들

이쯤하고 우리 집 아이들 이야기를 좀 해야겠다. 내게는 딸(고2)과 아들(초5)이 있다. 그들은 아빠의 험난한 여정을 지켜보면서 무슨 생각을 하고 어떤 신앙관을 가지고 있을까.

나는 딸이 여섯 살이 될 때까지 부산에서 교회 전도사 생활을 했다. 아빠가 전도사니 얼마나 교회에 죽치고 살았을까. 어린이 예배는 기본이고, 심지어 어른 집회도 참석했다. 어린 나이였으니 집에 혼자 둘 수는 없지 않은가. 그래서 교회 오빠와 언니들의 귀여움도 독차지했다. 아빠가 그들과 친했고, 늘 같이 놀러 다녔기 때문이다.

이 글을 쓰면서 옆에 있는 딸에게 물었다.

"부산에서 교회 다녔을 때, 무슨 좋은 기억이나 추억 없니?"
"약간씩 기억이 나지만, 전체적으로 별로 기억이 안 나요."
딸의 대답은 진실이었다.

부산에서 올라온 후로 딸아이는 제대로 된 예배를 경험하기 어려웠다. 개척교회 초기 얼마간 일죽의 다른 교회에 가서 예배를 드린 적도 있었다. 우리 교회가 유초등부 예배를 하지 않았기 때문이었다. 처음엔 딸아이도 좋아하더니 그마저도 재미가 없는지 가지 않으려 했다. 그래서 보내지 않았다.

"예수님이 정신병자인가요?"

그 후로 우리 교회에서 드리는 '파리채를 든 예배'(이에 대해서는 2부에 자세한 내용이 나온다)에 함께 동참했다. 성경을 돌아가면서 읽고 그 자리에서 읽은 소감을 이야기하는 예배였다.

한 번은 성경 본문이 마태복음 8장 31~32절이었다. "귀신들이 예수께 간구하여 이르되 만일 우리를 쫓아내시려면 돼지 떼에 들여보내 주소서 하니 그들에게 가라 하시니 귀신들이 나와서 돼지에게로 들어가는지라 온 떼가 비탈로 내리달아 바다에 들어가서 물에서 몰사하거늘"이란 본문이었다.

예배시간에 딸아이가 말했다.

"예수님이 정신병자인가요? 왜 멀쩡한 돼지를 몰사하게 만들지요? 그 돼지를 먹이며 직업으로 살아가던 농부는 어쩌라고요. 얼마든지 다른 방법으로도 귀신을 쫓아 보낼 텐데요."

딸아이는 그 후에도 예수에 대한 과감한 비판을 하곤 했다.

딸아이에게 또 물었다.

"너는 천국과 지옥을 믿니?"

"아뇨. 너무 현실성이 없다고 봐요."

"그럼 죽으면 끝이라고 생각해?"

"환생은 있다고 생각해요."

"왜 그렇게 믿지?"

"왠지 그런 느낌이에요."

딸아이가 그렇게 말하는 것은 어렸을 적부터 읽었던 책과 일본 애니메이션을 많이 봐서 일 게다.

다시 물었다.

"신은 있다고 믿니?"

"아뇨."

"왜 없다고 생각하니?"

"신이 없어도 세상은 나름대로 잘 굴러 가는 거 같아서요."

"그럼 신이 있다고 생각하고 열심히 교회 생활을 하는 사람들은 어떻게 생각해?"

"그 사람들 나름대로 믿는 거니까 인정해요."
"너에게 그 길을 강요하면 어떻게 할 거니?"
"그러면 끝까지 거부해야죠."
마지막으로 물었다.
"종교가 없어도 넌 잘 살 수 있을 거 같니?"
"난 잘 살 거 같아요."

이게 딸아이의 종교관, 세계관, 인생관이다. 난 딸아이의 그것들을 최대한 존중한다. 사실 아빠인 내가 또 어쩌랴. 자신의 인생인데 말이다.

무신론자가 된 목사의 아들, 딸

아들은 교회에 대한 생각이 더 없다. 그 아이가 스스로 기억하는 나이(약 6세) 때부터 아빠는 이미 교회 같잖은 교회, 예배 같잖은 예배를 하고 있었으니 말이다. 그 후로는 아예 예배조차 하지 않으니 교회에 대해 무슨 의식이 있을까. 아들도 신을 믿지 않는다고 했다. 그러고 보니 나의 딸과 아들은 무신론자인 셈이다.

또한 아이들은 자기들의 아빠가 목사라는 추억도 별로 없는 듯하다. '더아모의 집'을 하면서 내가 마을 아이들과 함께 산으로 물로 놀러 다니는 추억만 있을 게 분명하다. 아이들에게 있어서 아빠는 친구 그 이상도 그 이하도 아니다.

  어쨌거나 아이들이 커서 필요하면 교회를 갈 것이고, 필요하지 않으면 가지 않으리라. 그건 전적으로 저들의 몫이다. 또한 이렇게 내가 결정하는 데는 3부에 아주 상세하고 친절하게 설명해놓았다. 기대해도 좋다.

2
Chapter
사람들은 왜 교회로 몰릴까?

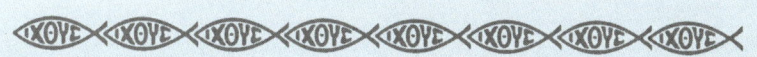

Chapter 2 사람들은 왜 교회로 몰릴까?

1. 목사 안수 받자마자 교단을 탈퇴하다

2001년 12월 31일, 우여곡절 끝에 교회를 시작했다. 2002년도 4월 17일에는 기독교대한성결교회로부터 목사 안수도 받았다. 이제 교회 부흥할 일만 남았다. 교회만 커지면 '만고 땡'이었다.

하지만 나의 내면에서 명령을 내렸다.

"야, 송상호! 너 여기서 만족할래? 원래 하던 대로 해! '송충이는 솔잎' 모르냐? 생긴 대로 놀아야지!"

목사 안수를 받자마자 바로 실행에 옮겼다. 10명도 안 되는 교인분들과 의논했다. 무엇을? 바로 '교단 탈퇴'를. 우리 교우들은 모두 말해주었다.

"목사님이 하시는 일이라면 틀림없겠죠. 목사님 마음대로 하세요."

지금 생각해도 참 눈물 나게 고마운 분들이다. 묻지도 따지지도 않는 그들의 순박함이 빛났다. 아니, 인간 송상호에 대한 그들의 신뢰가 빛나는 순간이라고 해야 할까.

언제가 좋을까 고민하다가 2003년 3월 1일을 택했다. 84년 전 일제에 항거하던 삼일독립만세운동 정신을 오버랩시켰다고나 할까. 역사적 사건에 살짝 묻어가겠다는 꼼수라고나 할까.

먼저 교단 탈퇴 성명문을 만들었다. 그때의 기억을 더듬어서 써보면 이렇다.

"교단 탈퇴 성명서. 우리 주님의 교회(개척교회 이름)는 이 땅에 있는 교단과 교회는 인정하지만 교단지상주의와 교권주의는 인정할 수 없기에 교단을 탈퇴합니다. 2003년 3월 1일 주님의 교회 교우 일동."

지금 봐도 참 멋있는 문구다. 이 문구를 기독교신문(基督敎新聞)사에 보냈다. 아마도 광고비가 3만원이었던가. 3만원이면 해결되니 '교단 탈퇴하기 차~암 쉽죠~'였다.

삼일독립만세운동처럼 교단 탈퇴를 감행하다

혹자는 '또 교단과 무슨 문제를 일으켰구만'이라고 생각할 수 있다. 그건 아니다. 교단과는 아무런 문제도 없었다. 당시 일죽 주변의 교회, 특히 성결교회 목사들이 황당해했다. '아니 왜?'라는 반응이었다. 아무런 문제도 없었던 교회가 갑자기 일으킨 파란이었다.

성결교회 법에 따라 처리해 나갔다. 먼저 교단을 탈퇴하겠다는 교인 서명부와 소정의 교단서류 등을 갖췄다. 물론 기독교신문에 낸 성명문도 함께 준비했다(지금 생각하면 그 성명서 기사문을 잘 보관해 놓지 못한 게 못내 아쉽다).

지방회 치리 목사에게 이 모든 서류를 제출하러 갔다. 그의 목양실에 들어섰다. 인사를 했다. 그리고 서류를 건넸다. 서로가 머쓱했다. 차나 한 잔 하고 가라는 걸 뿌리치고 나섰다. 그 문을 나서는 순간, 기독교대한성결교회와의 공식적인 이별이었다.

그 문을 나서면서 사실 '내가 생각하는 그림은 이게 아니었는데' 란 마음이 들었다. 그럼 내가 생각한 그림은? 좀 더 멋있어야 했다.

우리 주님의 교회가 교단을 탈퇴하겠다는 말이 나오자마자 지방회에서 비상이 걸린다. 멀쩡한 교회가 왜 교단을 탈퇴하려는지 사실관계 조사단이 구성된다. 지방회의 어른 목사들이 "한 번 더 생각해보시게"라며 만류한다. 나와 우리 교회는 "결정에 변함이 없다"며 대응한다. 다시 주변 교회 목사들도 "미워도 다시 한 번 더"라고 권고한다. 그래도 나와 우리 교회는 "사나이가 칼을 뺐으면 썩은 무라도 잘라야 한다"며 의지를 굳힌다. 지방회 차원에서, 또는 교단 차원에서 권고가 더 세게 들어온다. 끝끝내 '독야청청'을 외친다. 한바탕 파란을 일으키고는 '교단 탈퇴 성명서'를 발표한다. 지방회와 교단이 주목한 가운데서 멋있게 교단을 나온다….

아니, 이 정도는 아니더라도 한 교회라도 만류했으면 멋있으련만. 만류는 고사하고 거들떠보지도 않았다.

이유는 간단했다. 조그만 시골 교회 하나쯤 교단에서 나간다고 아무 문제도 없다는 것. '경기도 안성 출신도 아닌 부산 출신 뜨내기 목사쯤이야'였다. 젊은 목사의 치기 어린 철부지 행동에 대꾸하기 싫다는 거였다.

훗날 우리 교회당이 땅주인으로부터 쫓겨나게 생겼을 때 일이다. 안성 지역의 내로라하는 대형 성결교회 장로가 우리를 도우러 나섰다. 그는 어떡하든 도와주려 했다. 그 교회에서 장로와 목사들이 하는 회의가 있었다. 결론은 "사정은 안타깝지만, 교단을 탈퇴한 교회라 도와줄 수 없다"였다. 멋있게도 못 나가게 하더니, 결국 내려앉히는 데 사용하는구나 싶었다.

기존 교회의 밥그릇 싸움에서 벗어나다

교단을 탈퇴하고 나서 우리 교회는 한참동안 고민했다. 그냥 이대로 있을 것인가. 아니면 '독립교회협의회'라도 들어갈 것인가. 나야 아무래도 상관없었다. 다만 내가 다른 지역으로 이사 갔을 때, 교우들이 '왕따' 당하지 않을까 싶어서였다. '이단 교회, 교단도 소속도 없는 이상한 교회'의 교우라고 말이다.

한동안 '한국독립교회 및 선교단체협의회'(KAICAM) 주변을 서성거렸다. 할렐루야 교회 김상복 목사가 소속한 곳이었다. 전화해서 문의도 했다. 절차도 물었다. 교우들과 협의도 끝냈다. 거의 들어가는 듯 했다.

하지만 문제가 생겼다. 그 단체의 신앙고백문이 목에 가시처럼 걸렸다. "우리는 삼위일체를 믿으며, 한국교회에 하나님이 함께 하심을 믿으며…" 등등. 저 신앙고백을 함께 해야 협의회의 동지라는데 도저히 양심이 허락하지 않았다. 위에서 하달하는 저런 신조들 때문에 교단을 나왔는데 또….

고민하다가 거기도 들어가지 않기로 했다. 교우들에게도 알렸다. 그들도 고맙게 "뜻대로 하소서"였다. 그들에겐 '어느 교단, 어느 협의회' 등은 아무런 상관이 없었다. 다만, 나와의 관계 속에서 신앙생활만 잘하면 된다는 생각이었다.

조그만 시골에서 소문은 삽시간에 퍼져나갔다. 일죽면에 있는 교회와 교우들의 귀에 들어갔다. 하지만 그들의 수군거림도 이내 잦아들었다. 교단 탈퇴 말고는 우리 교회가 뭐 특별하게 튀는 것도 없었다. 전도를 세게 하는 것도 아니었다. 만날 하는 게 독거노인 반찬배달 봉사, 주민 차량 봉사, 주민 이발 봉사, 마을 청소년 봉사 등이었다. 기존의 교회 입장에서는 전혀 위협의 요소가 없었다. 한마디로 기존 교회의 밥그릇을 전혀 건드리지 않았던 것이다.

그렇게 세월이 지나가면서 교단 탈퇴의 사건은 잊혀져갔다.

결국 우리 교회는 안성 일죽 시골에서 '젊은 목사가 하는 교회, 규모가 조그만 교회, 좋은 일이나 하고 다니는 교회'로 자리매김해갔다.

2. 교회 같잖은 교회를 하다

요즘 교인들은 자신이 속한 교회에 무엇이 있는가를 자랑한다. 예컨대 스타급 목사, 파이프 오르간, 웅장한 건물, 대형 주차장 등. 그래서 나는 우리 교회에 없는 것으로 자랑하는 글을 기독교 인터넷신문《뉴스앤조이》(2004. 6. 4.)에 냈다. 아래 글은 당시에 냈던 기사문을 요약 정리한 것이다.

넥타이 안 매는 교회를 하려했지만…

'주님의 교회'(개척 당시 교회 이름)는 2001년 12월 31일에 창립한 조그만 시골 개척교회다. 처음에 어떤 개척교회든 마찬가지만 4명이 시작했다. 필자와 아내, 딸, 그리고 아들이다. 이름을 '넥타이 안 매는 교회'로 할까 하다가 주위의 따가운 눈총으로 포기했다. 넥타이란 서양귀족들의 예복 장식물이었다. 그래서 우리 교회가 권위, 물질, 편견, 교리, 이단논쟁 등의 넥타이를 매지 말자는 의미였는데 아쉽게도 역사의 무대에 이름을 올리지는 못했다.

우리 교회는 보통의 교회여야 하는데 '주님의 교회'라고 새삼 이름 붙이는 게 우스운 현실이라 생각되어 그 이름이 부담스러울 때도 있었던 게 사실이다. 마치 우리만 '주님의 교회'인 양 하는 것 같아서 말이다.

우리는 처음 시작부터 선교비를 보내면서 시작했다. 자그마치 30만 원이나 보냈다. 내가 학습지 교사를 해서 십일조 15만원과 감사헌금 10만원을 냈다. 우리 교인들이 한 달 내내 5만원 정도 헌금을 했다. 30만원을 전액 선교비로 보냈다. 무슨 거룩한 뜻이 있어서가 아니라 딱히 쓸 데가 없어서였다. 목회자 사례비나 건물 유지비가 따로 들어가는 게 없었다.

주위가 노인들이 많은 시골이라 전도는 아예 안 하고 섬기는 일로 시작했다. 이발 봉사, 목욕 봉사, 주민 차량 운행, 독거노인 돌아보기, 마을의 눈 치우기 등이다. 돈이 별로 안 들고 마음만 있으면 할 수 있는 일부터 착착 해나갔다.

우리 교회에 없는 것으로 자랑하다

우리 교회는 다음의 열 가지가 없다.

하나, 예배가 한 번밖에 없다.
일주일 내내 딱 한 번의 예배밖에 없다. 주일 낮 예배다. 물론 새벽 기도회도 없다. 주일학교 예배, 학생회 예배도 따로 없다. 구역 예배도 없다. 성도들 모두 다 같이 한 번 예배를 드린다. 이유는 간단하다. '삶을 예배로, 예배를 삶으로' 보고 있기 때문이다. 그리고 한국교회가 예배의 횟수가 적어서 하나님을 섬기지 못하는 게 아니라 너무 많아서 섬기지 못하고 있다는 자각 때문이기도 하다.

둘, 교회당 간판이 없다.
돈이 없어서가 아니다. 교회당 간판이 없어도 교회는 교회라는 지극히 단순한 논리 때문이다. 교회당 간판이 있어야 교회가 아니라 그 속에 예수 그리스도가 있어야 교회이기 때문이라는 것이다.

셋, 소속 교단이 없다.

2003년 3월 1일 부로 교회 독립을 선언했다.

넷, 목회자 사례비가 없다.

가난해서 없는 것이 아니라 생각이 없어서 없다. 목회자가 사례비를 받으면 교인들로부터 자유롭지 못하다는 생각이 아니다. 목회자도 벌 수 있으면 벌라는 생각 때문이다. 목회자도 돈 벌어서 선교비를 자기 힘으로 보내라는 것이다. 그리고 자신이 번 돈으로 가정도 꾸리고 교회에도 보탬이 되어보라는 것이다. 경제 일선에서 생계를 위해 뛰는 분들을 진심으로 이해해보라는 차원이다.

다섯, 조직이 없다.

'주님의 교회'는 여느 교회처럼 시작할 때 기관(예 남전도회, 여전도회, 주일학교, 성가대 등등)을 만들지 않았다. 성도들이 없어서가 아니라 생각이 없어서였다. 물론 지금도 몇 가정 되지는 않지만 여전히 조직은 없다. 교회는 조직이 아니라 생명체이며 공동체라고 하는 지극히 단순한 진리에서 출발한 것이다. 조직을 만들고 거기에다가 사람을 채우려니 인위적인 것, 물질적인 것, 세속적인 것이 들어가는 것이다. 수단과 방법이 목적으로 오도되는 경우가 생긴다. 조직의 특징상 계속 부흥해야 하는데, 그러다 보니 거기에

편법과 술수와 힘이 작용하는 것은 당연하다. 교회를 조직으로만 생각하면 어쩔 수 없이 타락할 수밖에 없지 않을까 하는 소박한 생각 때문이다.

여섯, 절기행사가 없다.
눈에 띄려고 별것을 다 없앤다고 생각할 사람도 있을 것이다. 절기행사는 있어도 되고 없어도 된다는 게 필자의 논리다. 있는 데는 있는 대로 없는 데는 없는 대로 내용만 충실하다면 문제가 없다는 것이 필자의 논이다. 물론 성찬식도 없다. 그러니 절기헌금봉투가 없는 것은 당연하다. 단, 성탄절은 있다. 왜냐하면 성탄절은 교회 안 다니는 사람도 다 맞이하는 명절이니깐 말이다.

일곱, 헌금의 종류가 없다.
헌금은 모두 감사헌금으로 통일했다. 모든 절기헌금 봉투도 없을 뿐만 아니라 십일조라는 항목도 없다. 모든 것이 다 본인의 자율과 자원이 최우선이다. 헌금을 드리면서 십일조라고 생각하고 드리면 되는 것이고, 못 드리는 사람은 안 드려도 그만인 것이다.

여덟, 어떠한 절대적 규범이 없다.
주일 예배 참석도 자율이다. 당연히 해야 되는 것이 아니라 본인의 자율에 맡겨진다. 헌금도 마찬가지다. 기도생활도 전도생활도 교회봉사도 마찬가지이다. 교인이라면 최소한의 규범이 있어야 하지 않느냐는 것이 '주님의 교회'에는 없다. 그 어떤 것도 규범일 따름이지 한 인간의 자유와 자율을 구속해서는 안 된다는 생각에서다. 그것이 그리스도의 정신이지 않느냐는 조금은 독선적인 생각에서다.

아홉, 성도의 이동에 제한이 없다.
요즈음은 '교인 도둑질'이라는 말이 심심찮게 나온다. 결국 그것은 가해(?)를 한 쪽이나 피해(?)를 당한 쪽이나 똑같은 시장경제 자본주의 논리에 서 있는 것이다. 교회가 궁극적으로 하나라면서 교인 도둑질 운운하는 것은 자기모순이다. 수평 이동이니 교인들의 잦은 교회 이동이니 하는 단어들도 마찬가지 맥락이다. 그리고 교인 이동 시 목회자와 이전의 교회 식구들이 안면몰수하거나 해를 가하는 것은 교회의 본질을 몰라도 너무 모른다는 생각을 하게 한다. 그래서 '주님의 교회'는 성도의 출입이 자유롭다. 벌써 몇 가정이 거쳐 갔지만 오는 사람 마다치 않고 가는 사람 붙잡지 않는다. 당연히 교인명부나 교인등록이라는 단어는 찾아 볼 수 없다.

열, 섬김의 대상에 한계가 없다.

'주님의 교회'는 성도의 범위에 제한이 없다. 꼭 교회에 다녀야 하나님의 자녀가 아니라, 이 세상 모든 사람이 하나님의 자녀요 목회와 섬김의 대상이라고 생각한다. 그 생각은 창세기에서 나온 것이다. 하나님이 천지와 사람을 창조했으니 우리 인류 모두는 궁극적으로 한 뿌리에서 나온 한 동기간이다. 단지 진리의 빛에 머물지 못한다면 잃어버린 자녀요, 진리의 빛에 거한다면 찾아진 자녀다. 거기에는 종교의 구분이 없고 국경과 빈부와 남녀의 구분이 없다. 그 어떤 구분도 존재할 수 없다. 그래서 '주님의 교회'는 현재 출석하는 공동체 식구들만 우리의 섬김의 대상이나 목양의 대상으로 보지 않는다. 이 세계 모든 사람이 대상이다. 단, 우리의 섬김과 목양을 필요로 하는 주위의 사람들이 시간적 순서 차원에서 우선일 뿐이다.

3. 예배 같잖은 예배를 드리다

같잖은(?) 교회를 하다 보니 '주님의 교회'란 이름도 시들해져갔다. 일반 교회에서 하는 전도, 교회 부흥 등을 신경 쓰지 않았다.

만날 봉사하러 다녔다. 그래서 이름도 '일죽자원봉사문화센터'

라고 자처했다. 후엔 '더아모센터'라고 이름을 바꿨다. 그것도 성에 차지 않아 결국 '더아모의 집'이라고 바꾸었다. 나름 일죽 지역의 변화와 일죽 지역 교회들의 변화를 꿈꾸었다.

파리채 들고 드리는 예배

'파리채 들고 드리는 예배'라는 제목으로 2006년 6월 13일 오마이뉴스에 글을 올렸다. 예배 시간에 웬 파리채? 실제로 그랬다. 내 손으로 지은 '더아모의 집'에 마을 아이들이 수시로 드나들다보니 파리의 출입이 통제가 되지 않았다. 항상 파리와 동고동락을 했다.

'더아모의 집' 거실에서 일주일에 유일하게 한 번 하는 예배에는 웃긴 장면이 연출된다. 예배 드리는 아이들과 어른들 손에 파리채가 쥐어져 있다. 모두 '파리 전사'가 된다. 찬송가를 부르다가 적(?)이 눈에 띄면 가차 없이 사살한다. 성경을 보다가 적(?)이 눈에 띄면 또 가차 없이 공격에 들어간다. 그래도 누구 하나 신경 쓰지 않고 예배를 했다.

그런 가운데도 나는 성인군자(?)처럼 유일하게 파리채를 들지 않고 예배를 했다. 나의 평소 지론이 "새를 왜 잡아. 남들은 돈 들여 새를 키우는데"였다. 파리도 생명인데 왜 함부로 죽이냐는 개

똥철학이 담겨져 있었다. 단지 나는 예배하면서 그런 장면이 우스워 사진을 찍곤 했다.

당시 '더아모의 집'의 예배 특징은 다음과 같았다.

1. 인도자가 정해져 있지 않다. 누구나 할 수 있다. 동일 예배에서도 수시로 바뀐다.
2. 지정좌석이 정해져 있지 않다. 예배를 하다보면 자리가 수시로 바뀌기도 한다.
3. 일정 순서가 없다. 한 번도 동일한 순서에 의해 예배를 한 적이 없다.
4. 시작 시간과 마치는 시간이 한 번도 일정치 않다.
5. 누구나 자유롭게 말할 수 있다. 아이들도 말하는 것에 제약을 별로 받지 않는다.
6. 예배 중간에도 예배 참여에 대한 의사결정이 자유롭다. 출입이 자유롭다.
7. 일방통행은 전혀 없다. 목사인 나도 예외일 수는 없다.

이런 예배에 무슨 진지함과 성스러움이 있을까 싶다. 하지만 그런 예배 자체가 하늘에 가까운 예배라고 생각했다. 자유와 자율이 보장된 예배가 진정한 예배라고 생각했다. 서로 나누는 대화 속에서 전 우주적 진리가 오가는 진지함이 우리들에게 있었다. 파리채를 들고 웃어가며 하는 웃긴(?) 예배에 참 진리가 나누어졌다. 아이들도 어른들도 자기 수준에 맞춰 예배를 했다.

안성 일죽에서 3번이나 쫓겨났다

수많은 역경 속에서 오뚝이처럼 일어선 우리였다. 이제 더 시련은 없으리라 생각했다. 하지만 그것은 바람이었을 뿐이다.

처음 교회당이 있던 곳의 땅주인이 바뀌었다. 마을의 15가구 땅이 법원경매로 넘어가게 되었다. 옛날부터 대대로 도지세를 주며 집 짓고 살았던 동네였다. 하지만 마을 땅을 관리하던 사람이 돈이 궁해 그 넓은 땅을 담보로 돈을 빌린 게 화근이 되었다. 제때 갚지 못해서 법원 경매로 처리되었다.

결국 그 자리에서 또 쫓겨나야 했다. 그 마을의 마을회관 옆으로 이사를 했다. 이번엔 '더아모의 집'이라는 50평 조립식 건물을 지어서 이사를 했다. 돈이 있어서가 아니라 후원자의 도움과 빚을 얻어서 지었다. 그 집은 다용도 목적이었다. 나와 내 가족에겐 우리 집, 교회로는 예배당, 마을 청소년들에겐 놀이터와 쉼터, 독거노인들에겐 경로잔치 하는 곳이었다.

짓기 시작한 지 14개월 만에 완공해서 이사를 했다. 동생과 삼

촌, 나 이렇게 세 사람이 직접 지었다. 건축 초보자가 지은 것 치고는 다들 훌륭하다고 입을 모았다. 그때만 해도 우리는 여기서 평생 살 줄 알았다.

그러던 어느 날, '더아모의 집'이 속해 있는 땅 주인이 한 가지 제안을 해왔다.

"당신들이 깔고 있는 땅과 옆 독거노인 집과 뒷산을 합쳐 2000평을 모두 사면 당신들에게 이 땅을 팔겠다."

당초 계약과 달랐다. 처음 계약은 먼저 집 건물에 입주하고, 2~3년 뒤에 건물이 속해 있는 땅을 사라고 할 때 사는 조건이었다. 하지만 땅 주인은 언제 그랬냐는 듯 엿장수 맘이었다. 버텼다. 어쨌든 당초 계약대로 건물이 속해 있는 땅만 사겠다고 했다. 빚을 내더라도 그 땅을 사야 할 처지였다. 땅 주인은 골치가 아파지자 다른 주인에게 땅을 팔아버렸다. 우리는 더욱더 집을 주장할 권리가 약해졌다. 그렇게 18개월을 실랑이했다.

18개월이 되던 어느 날, 우리는 결국 '더아모의 집'을 포기해야만 했다. 새로운 땅 주인이 법적으로 진행하겠다는 내용을 담아 우체국 내용 증명서를 보내온 것이다. 하는 수없이 우리가 포기하기로 했다. 2007년 12월 24일 시골집으로 피난하다시피 이사를 했다. "돈 좋아하는 너희들끼리 잘 먹고 잘 살아라"며 그 집을 나왔다. 집을 허물어주기로 약속했기에 내 손으로 지은 집을 다시 내 손으로 허물었다.

  그 결과, 안성 일죽으로 이사 와서 3번이나 쫓겨났다. 나의 부모님들이 평생 자기 집 하나 제대로 없이 떠돌았던 것처럼 나 또한 자리도 잡지 못하고 떠돌고 있었다. 그때는 안성을 떠나고 싶었다. 아니 속세를 떠나고 싶었다. 사람들이 아주 싫었다. 안성이란 도시가 징글징글했다.

  하지만 아내의 눈물의 만류에 못 이겨 안성에 남기로 했다. 한동안 '참 더러운 세상'이라고 떠들고 다녔다. 이젠 조용히 살기로 했다.

4. 교회 예배를 그만둔 사소한 사연

  이제 평소 동경하던 '무위도식'을 실천해 보고자 했다. 아무 것도 안 하면서 살리라고 굳게 다짐했다. 한동안은 세상을 엿 같다고 했다. 하지만 곧 마음이 정리가 되었다. 회오리처럼 일어나던 원망이 가라앉으니 나 자신이 보였다.

  '세상이 엿 같은 게 아니라 내 성질이 엿 같았군.'

  나 자신이 할 줄도 모르면서 뭔가를 하려 했기에 당한 역경이었다. 대책도 없고, 수단도 없고, 단지 무식하게 덤벼든 결과였다. 이상만 높고, 현실감각은 없었던 내 탓이었다. 그걸 깨닫고 나니 얼마나 마음이 편한지 몰랐다. '마음을 비우니 행복하더라'는 말이 딱 들어맞았다.

예배를 그만두게 된 웃긴 이유

시골집에 이사를 오고도 얼마간 예배를 했다. 일요일 아침 10시쯤 일어나서 우리 가족끼리라도 예배를 했다. 그때까지만 해도 예배를 했던 웃지 못할 이유가 있다. 아내가 말했다.

"여보, 그래도 우리가 교회를 하니 시동생이 십일조 헌금을 우리 교회에 하잖아요. 자신이 다니는 교회에 하지 않고 말이에요. 그러니 예배만큼은 해야지요."

그러던 어느 날, 동생이 십일조 헌금을 끊었다. 동생 생각엔 교회를 하지 않으니 십일조 헌금도 하나님께 바칠 수 없다는 생각을 한 모양이었다. 이제 우리도 결단할 때가 왔다. 동생이 십일조 헌금도 보내지 않는데 이제 때가 되었다.

사실 예배를 그만둔 사소한 이유가 또 있었다. 일요일 아침이면 11시 20분경에 '서프라이즈'라고 하는 텔레비전 프로를 했다. 우리 식구 모두는 그 프로의 '광팬'이었다. 그 프로그램이 끝나고 나면 다른 채널에서 '출발 비디오 여행'이라는 영화소개 프로를 방영했다. 그 프로 또한 우리 가족이 모두 즐겨보는 프로그램이었다.

그러니 일요 예배시간을 맞출 수가 없었다. 늘 일요일 아침에 겨우 눈 비비고 일어나 대충 예배를 하곤 했다. 아이들도 예배를 귀찮아했다. 결국 예배가 텔레비전에 밀렸다.

"그럼 예배를 그만두지 뭐."

아내도 환영했다. 우리 가족은 이사 간 지 8개월 만에 예배의식에서 완전히 손을 뗐다. 역사는 역시 사소한 것 때문에 변한다 했던가.

사실 부산에서 올라오기 전부터 기독교에 대한 근본적인 의문이 싹트고 있었다. 천국과 지옥은 과연 있는 것일까. 왜 예수만 믿어야 구원받는다는 걸까. 하나님이란 존재가 있기는 한 걸까. 왜 이렇게 많은 사람들이 기독교에 목매고 있을까. 이런 의문들은 조금씩 서서히 나의 영혼에 강렬한 의문부호로 자리 잡아 가고 있었다.

교회와 목회자들에 대한 고민 때문에 부산을 떠나왔다고 했지만, 어쩌면 이런 내면적이고 근본적인 의문이 부산을 떠나게 했는지도 모른다. 학교를 진즉에 그만두다 보니, 저명한 종교 스승을 찾아가 물어볼 의지와 정보가 없었다. 고민은 늘 혼자 했다. 그렇다고 주변 사람들에게 털어 놓을 수도 없었다. 모두가 신실한(?) 기독교인들이었으니까. 그런 주변 정서 때문에 나는 항상 고독했다. 그런 고독은 현실을 거부하고 뛰쳐나가고 싶었다.

경기도에 올라와서도 독서는 계속 되었다. 이런 저런 책을 읽다가 노자의 《도덕경》을 만나고는 무릎을 탁 쳤다. '물은 네모 통에 담으면 네모가 되고, 세모 통에 담으면 세모가 된다. 하지만, 물의 근본은 변하지 않는다'는 주해를 대하는 순간 온몸에 전율이 흘렀다.

'바로 이거다 이거야. 내가 고민했던, 살아가야 할 삶의 방식이구나. 내가 기독교의 옷을 입든 불교의 옷을 입든 그것은 나의 자유로구나. 다만 나는 나일뿐. 나는 물처럼 살아야겠구나.'

성경을 휴지로 썼던 선교사

이제 나 자신에겐 교회당 건물, 형식적인 예배가 의미가 없어졌다. 또한 그런 형식들을 지키겠다는 사람을 굳이 도시락 싸 다니며 말리고 싶지도 않았다. 선각자들이 늘 말한 바대로 '삶이 곧 예배'라는 진리가 체득되었다. 그렇다고 삶으로 예배를 드린다는 의식조차 없다.

내가 중학교 시절, 교회 부흥사로부터 들은 이야기가 생각난다.

한국 기독교 초기 시절, 어느 교회에 부임한 외국 선교사가 있었다. 그는 힘을 다해 한국교회를 사랑하며 섬겼다. 교인들도 조금씩 늘어났다. 그의 삶은 헌신적이어서 교인들도 그를 진심으로 존

경했다.

그러던 어느 날이었다. 교인 한 사람이 선교사의 사택에 들렀다. 그 순간 못 볼 광경을 보고야 말았다. 선교사가 재래식 화장실에서 큰 볼일을 보면서 화장지로 성경을 쭉 찢어서 사용했다. 그 교인은 크게 낙심했고, 그 소문을 들은 다른 교인들도 낙심했다. '아니 선교사가 어떻게 그럴 수 있나'였다.

선교사가 주일 예배에 설교를 했다.

"교인 여러분. 성경은 하나님의 말씀을 담은 책에 불과합니다. 그 책에 있는 진리를 깨달았다면 더 이상 필요 없는 것이 성경입니다. 저는 그것을 믿기에 그렇게 했습니다."

겨우 불똥이 꺼졌고, 사태는 수습되었다. 그 옛날에 참으로 대담한 행동이었다.

그렇다. 불교식대로 말하면 '부처를 만나면 부처를 죽여라'다. 하나의 길에 온전히 이르면 더 이상 형식에 얽매이지 않아야 하리라. 왜냐하면 나는 물과 같은 존재이니까. 거기에 머무르지 않고 흐르고 흘러 바다로 갈 거니까. 우리 모두는 '하나의 바다'들이니까.

나에겐 이제 기독교는 친정이다. 내가 아무리 부정해도 나의 무의식 속에 기독교의 정서가 흐르고 있다. 친정이 없으면 나도 없었으리라. 하지만 친정은 어디까지나 친정이다. 시집 온 이상 시집에 맞춰 사는 것이 아니었던가. 친정은 아련한 좋은 추억으로 존재하리라.

예배를 드리는 사람을 뭐라 할 것도 없고, 드리지 않는 사람을 칭찬할 것도 없다. 다만 자신이 지금 이른 수준대로 살아가면 될 일이다. 모두가 그 나름대로 이유가 있고, 일리가 있다. 다만, 우리는 계속 흘러야 한다. 바다를 향해서.

5. 일요일마다 예배하는 사람들의 솔직한 심정

대한민국에서 800여만 명이 일요일이면 어딘가를 간다. 그들은 평소보다는 더 좋은 옷을 입는다. 거기에 도착하면 그 많은 사람들의 눈이 오로지 한 사람을 주목한다. 별로 새로울 것도 없는 그의 일장 연설을 잘 참고 듣는다. 그의 원맨쇼가 재미있든 없든 그들은 진지하게 참여하고 있다는 것을 애써 표시한다. 그들은 그의 지시에 따라 앉았다 일어섰다를 반복한다. 유별난 곳은 나름 혁신적인 방법으로 그 쇼를 벌이지만, 오십보백보다.

이런 교회의 풍경은 개신교가 들어간 곳이라면 지구별 어디나 비슷하다. 솔직히 교회를 다니지 않는 사람들이 보면 예배만큼 지루하고 재미없는 것이 없다. 이해 안 갈 정도로 지루한 그것을 개신교인들은 왜 목매고 드리는 걸까.

교회에 가기 싫으면서도 꾸역꾸역 나가는 이유

교회 다니는 사람 중에서도 속으로는 교회 안 가고 싶은 사람들이 꽤나 많다. 겉으로 표현하지 못할 뿐이다. 이유는 다양하다. 예배가 지루해서, 목사의 설교가 마음에 들지 않아서, 목사와 장로의 꼴을 보기 싫어서, 헌금을 너무 강요하는 것 같아서…. 《교회 가기 싫은 77가지 이유》(이만재 지음, 규장 펴냄, 2000년)란 책에 보면 잘 나와 있다. 그럼에도 그들은 정작 교회 안 가는 것을 행동으로 실천하지 못한다. 이유가 뭘까.

그것은 한마디로 '두려움' 때문이다. 그럼 과연 무엇에 대한 두려움일까. 그것은 교회에서 들려준 죽음과 죽음 이후의 세계에 대한 두려움이다. 예컨대 천국과 지옥, 하나님의 심판, 지구의 종말 등에 관한 교리다.

그런 교리들을 끊임없이 들은 사람들은 그것들이 주는 두려움으로부터 결코 자유로울 수 없다. 그 교리들을 거부하기엔 우리 개개인은 너무나도 약한 존재이기 때문이다.

죽음에 관한 것이 우리에게 더욱 강력하게 다가오는 이유가 있다. 죽어서 살아온 사람은 우리 중에는 아무도 없다. 아무도 천국과 지옥이 있고 없음을 확실하게 증명할 수 없다. 증명할 수 없는 불확실한 것이기에 그 말에 더욱 힘이 실린다. 이건 참으로 종교에서만 벌어지는 아이러니다. 증명할 수 없는 것이 더욱 힘을 가지다니. 그것에는 어떤 상상력을 동원해 구라를 쳐도 다 먹힌다. 인간은 알 수 없는 것에 대한 호기심도 있지만, 그것에 대한 두려움은 훨씬 더 크다.

그렇다. 죽음과 죽음 이후의 세계를 사람들이 두려워하는 것은 죽음을 잘 모르기 때문이다. 알 수 없는 세계이기 때문이다. 신을 두려워하는 것도 증명되지 않고 익숙하지 않기 때문이다. 그것은 사람들이 귀신을 대하는 태도와 비슷하다. 귀신이 두려운 이유는 바로 그 때문이다.

수많은 사람들이 오늘도 이 두려움에서 해방되지 못하고 교회를 나가고, 절을 나가고, 이슬람 사원을 나간다. 이 두려움에서 위로받고 싶어 신을 찾는다. 기독교를 포함한 모든 종교는 이 두려움을 해결해줄 뭔가가 있는 것처럼 선전한다.

교회는 사람들에게 조금의 위로를 주고는 두려움을 미끼로 더 큰 것을 요구하기 일쑤다. 미끼, 바로 그것이다. 두려움을 볼모로 교회에 충성하는 착한 양을 만들어버린다.

이 글을 읽는 여러분 중 개신교인이 있다면 내가 목사로서 여러분에게 구라를 한 번 쳐볼까 한다.

"교회 다니는 당신이 교회를 멀리 한다면 3년 후엔 당신의 딸이 하나님의 벌을 받을 것이다. 결국 당신의 사업도 5년 후면 망하고, 하나님으로부터 버림받을 것이다."

이렇게 말하면 당신이 아무리 강심장이라도 교회를 그만둘 수 없을 것이다. 말도 안 되는 목사의 망언일 뿐이라며 무시하고 넘어갈 사람이 과연 몇 명이겠는가.

하지만 안타깝게도 사람들을 교회에 착실히 나가게 만드는 교회의 메커니즘이 이와 비슷하다. 이것이 사람들이 교회 가는 심정이고, 목사의 말이 먹히는 지점이다. 이 구라는 중세시대에도 통했고, 지금도 여전히 통한다.

교회를 그만두지 못하는 사람들은 '안 가면 뭔가 불안하다'는 심정이 우세하다. 교회를 가지 않으면 신께 벌 받을 것처럼 느낀다.

나의 지인들 중 교회 가기를 포기한 사람들이 겪었던 공통점이 있다. 교회를 그만두고도 일요일만 되면 괜한 죄책감으로 한동안 시달린다. 그들은 주일만 되면 마음이 두근거리고 허전하고 신경 쓰인다. 하나님이 왠지 벌할 거 같고, 왠지 죄 지은 거 같고, 왠지 불안하고, 뭔가 잘못될 것 같고. 결국 천국에서 제외되어 지옥에 갈 거 같다. 그런 현상이 적게는 두어 달, 많게는 1년을 간다.

'혹시 죽어서 천국과 지옥이 없으면 손해 볼 거 없지만 목사 말대로 있다면 낭패가 아닌가. 그렇게 많은 사람들이 교회를 가는

걸 보면 뭔가 있기는 있을 것이다.'

두려움이 종교의 밑천이다

"기독교를 포함한 종교 자체가 두려움을 기반으로 하고 있다"고 철학자 러셀은 입버릇처럼 말했다. 인도의 수상 네루도 자신의 딸에게 보내는 옥중서신에서 "종교는 두려움에서 출발한 것"이라고 강조했다.

원시시대에 자연은 그야말로 두려움의 대상이었다. 특히나 천둥, 번개, 홍수, 폭설 등의 자연재앙은 원시인으로선 엄청나게 두려운 현상이었다. 그들은 이런 자연현상 배후에 뭔가가 있을 것이라고 믿었다. 그 뭔가가 자신들에게 노해서 그랬다고 생각했다. 그 노여움을 달래기 위해서 동물 등을 희생 제물로 바쳤다. 간혹 사람을 희생 제물로 바치기도 했다.

이러한 행위들이 반복되면서 그 행위를 주관하는 사람들이 생겼으니 그들이 오늘날 성직자인 셈이다. 제사를 주관하던 무리들이 그런 제사행위를 일종의 의식으로 바꾸어 나갔고, 시간이 지나면서 종교로 자리 잡게 되었다.

중세시대에는 교황이 황제를 좌지우지했다. 교회는 교황을 업고, 무소불위의 권력을 휘둘렀다. 그들은 마녀사냥, 종교재판이라는 희대의 살인 놀음을 벌였다. 당시는 그 놀음에 대해 그 어느 누구도 반기를 들지 못했다. 일상생활과 죽음의 열쇠를 교회가 들고 있었다. 그것을 거부할 강심장은 없었다. 교회를 거부한 사람은 사회로부터, 하나님으로부터, 천국으로부터 버림받을지도 모른다는 극한 두려움을 떨쳐내지 못했다.

장담컨대 교회가 이런 두려움의 장막을 걷어버리고 좀 더 솔직하게 말해준다면 80% 이상이 교회 가기를 그만두지 않을까.

6. 어른들은 왜 아이들을 교회에 보낼까

당신에게 교회 보내는 자녀가 있는가. 당신은 왜 자녀를 교회 보내는가. 이 시간 잠시 자신에게 물어보라. 천국의 백성이 되라고, 예수를 따르는 사람이 되라고, 선량한 사람이 되라고…. 정말 그런가. 좀 더 솔직하게 대답해보라.

결론부터 말해볼까. 교회 보내는 부모들의 심정은 마치 자녀를 명문고와 명문대학에 보내는 심정과 다를 바 없다. 무슨 소리냐고? 흥분을 가라앉히고 잘 들어보면 수긍하리라 믿는다.

축구 국가대표 선수 중에 박주영 선수가 있다. 그는 축구천재로 알려져 있다. 그의 축구는 가히 예술이다. 온 국민이 좋아하는 축구 스타다. 하지만 그에 대한 평가는 늘 엇갈린다. 단 한 가지, 골을 넣고 나서 보여주는 그의 '골 세리머니' 때문이다.

눈에 그려지는가. 그가 단독 드리블해서 골문을 향한다. 한 사람 제치고 두 사람 제치고, 오른발 발리슛이다. 공은 골키퍼 손에 닿을 듯 말 듯 골인이다. 순간 대한민국은 난리다. 축구 동료들도 그를 끌어안으려고 달려간다. 순간 선수들은 멈칫한다. 박주영 선수가 무릎 꿇고 두 손 모으고 기도한다.

사람들은 말한다.

"아니, 기도는 교회에서나 하지 무슨 기도냐. 축구하다 선교할 일 있냐. 다른 종교는 어쩌라고."

"기도 세리머니를 가지고 그러냐. 그것도 개인의 자유 아니냐. 종교의 자유가 있는 나라에서 뭘 그런 걸 가지고 그러냐."

당신은 어느 쪽인가. 사실 입장에 따라서 둘 다 틀리지 않다.

박주영 선수와 배우들의 연말 시상식

그런데 박주영 선수가 개신교인이 아니었다면 어땠을까. 그가 만약 일본에서 만든 종교를 믿는 사람이었다 해도 그랬을까. 우리나라 사람들에게 알려지지도 않았고, 거부감도 있는 종교를 믿는 사람이었다고 해도 그가 그렇게 했을까.

가수나 배우들의 연말시상식에서 잊을 만하면 들리는 수상소감이 있다.

"이 모든 영광을 하나님께 돌립니다."

기독교인들로선 어쩌면 당연한 멘트다. 그들이 자랑하는 교리에는 '사람은 하나님의 영광을 위해 만들어진 존재'라고 명시하고 있다. 모든 것이 하나님께로부터 왔으니 모든 것을 하나님께로 돌리는 것이 마땅하다고 가르친다.

하지만 그들도 박주영 선수와 마찬가지 경우가 아닐까. 만일 그들이 개화기 흥선대원군 시절에 사는 사람이었어도 그렇게 자랑스럽게 "나는 기독교인이다"라고 자랑했을까.

한국일보에 실린 기사를 통해 현대의 대한민국 종교 추세를 살펴보자.

> "본보가 18대 의원 299명 전원의 종교를 조사한 결과, 개신교 신자는 전체의 39.5%인 118명에 달했다. 천주교 신자는 26.1%인 78명으로 집계돼 구교와 신교를 합쳐서 모두 65.6%에 이르는 셈이다. 전체 의원 가운데 3분의 2에 육박하는 수치이다. 반면 불교를 믿는 의원은 54명으로 18.1%에 그쳤다. 원불교 신자는 1명에 불과했다."《한국일보》2008. 9. 2.)

이 기사에 따르면 MB 정부의 고위직 인사는 60%가 기독교인이란다. 전체 39명 중 13명이 개신교 신자, 천주교 신자는 9명, 불교

신자는 2명이란다. 이명박 대통령이 장로로 있다는 소망교회 출신의 강만수 기획재정부 장관을 비롯해 안병만 교육과학기술부, 김하중 통일부, 이상희 국방부, 장태평 농림수산식품부 장관 등이 개신교인이라고 보고하고 있다.

오죽하겠는가. 대한민국은 이승만 장로가 세운 나라가 아니었던가. 평범한 국민들이 임금처럼 여겼던 대통령이 '기독교인'이라니. 기독교를 얼마나 위대한 종교라고 여겼을까. 그 후에 대한민국 14대 대통령 김영삼 장로, 17대 대통령 이명박 장로 등을 들먹일 필요까지 있을까 싶다.

사령관 종교에 따라 장교들 종교도 바뀌어

나는 군종병으로 항공사령부에서 군 복무를 했다. 당시 부대 내 신자 수를 보고하는 것이 나의 주요 임무였다. 그런데 신기한 현상을 하나 발견했다. 사령관이 바뀔 때마다 종교 인구가 눈에 띄게 달라졌다. 신임 사령관이 천주교인이이면 군인들, 특히 장교들이 성당을 가득 메웠다. 불교면 사찰로, 기독교면 교회로 몰려다녔다. 장교들의 수는 별로 변함이 없는데, 종교인들의 수는 사령관의 종교에 따라 춤을 추었다.

그렇다. 적어도 대한민국 땅에서는 기독교, 특히 개신교는 소위 엘리트종교, 고급종교다. 교회에 다닌다는 것은 나도 그 엘리트층에 속하고 있다는 환상을 심어준다. 그래서 사람들은 조그마한 교회는 될 수 있는 대로 삼간다. 이왕이면 대형교회, 그것도 스타급 정도의 유명한 목사가 있는 교회를 선호한다. 거기다가 대한민국에서 내로라하는 거물급 인사가 다니는 교회면 금상첨화다. 이것이 이명박 장로가 다니는 소망교회가 미어터지는 이유다. 그가 다니는 교회니 그 주변에 얼마나 많은 거물급 인사가 소망교회로 몰려들었을까. 그 거물급들 때문에 그 교회 교인들은 얼마나 목에 힘주고 다녔을까. "이명박 대통령이 다니는 교회래." 하며 얼마나 많은 주변 사람들이 부러워했을까.

이런 현상은 심리학적으로 설명될 수 있다. 방어기제 중 '동일시'에 속한다. 자신의 모습이 초라하다고 느껴지고, 자신을 있는 대로 받아들이기 힘들 때, 사람들은 자신보다 더 강하다고 느껴지는 그 무엇과 자신을 동일시한다. 그럼으로써 자신이 그 무엇과 동일하다는 착각을 한다. 이것은 사람들이 신을 찾는 것과 교회를 찾는 심정과 동일하다. 중세시대나 지금이나 마찬가지다.

그렇다면 얼마나 많은 부모들이 자신의 아이도 그런 교회에 다닐 것을 강요했을까. 교회에 다니면 자신의 자녀도 거물급 인사와 같은 인물이 될 거라는 기대심리가 작용하지 않았을까. 요즘 부모들이 아이들을 교회에 보내는 메커니즘의 중심에는 '명문고, 명문대학을 선호하는 심상'이 똬리 틀고 있다.

혹시 교회에 다니면 뭐라도 주워들어서 착해질 거라는, 예수를 닮아서 거룩해질 거라고 생각하는 부모가 있는가. 그것도 교회의 메커니즘을 제대로 모르고 하는 말이다. 조금만 참고 기다리시라. 3부에만 가면 당신이 생각하는 교회에 대한 환상이 얼마나 부질없는지를 낱낱이 보여 드릴 테니까.

7. 사람들이 교회로 몰리는 진짜 이유

기독교인에게 물어보라. 당신은 왜 교회에 다니느냐고?

이렇게 말할 것이다. 소극적인 목적을 말하는 사람은 "험한 세상에서 구원 받아 천국백성이 되려고"라고 할 것이다. 적극적인 목적을 말하는 사람은 "전 생애를 걸고 예수를 배워 예수를 따라가려고"라고 할 것이다.

사실 다 부질없다. 한국교회 교인들은 이런 교과서적 대답을 이미 쌈 싸 먹었다. 그렇게 믿고 따라가는 사람은 희귀하다. 그렇게 가르치는 목사들조차도 그렇게 살아가는 사람이 드물다. 항상 하는 말이 "사람을 보고 믿지 말고 하나님을 보고 믿어라"고 한다. 교인들은 이제 모두 안다. 그것이야말로 목사의 자기변명이라는 것을. 오히려 그렇게 말하는 목사가 인간적이라고까지 느낀다.

"복 안 좋아하는 놈 어디 있나"

교회 강단에서 목사가 설교한다.
"여러분, 우리 기독교는 기복종교가 아닙니다. 하나님을 믿는 것이 복되기는 하지만, 복만 받으려고 기원하는 허접한 종교와는 차원이 다릅니다. 믿습니까?"
"아멘! 아멘!"
교인들은 목사의 말이 옳다고 난리를 친다. 고개를 끄덕이고 박수를 친다. 김 장로보다 이 집사보다 목소리를 더욱 돋우어 '아멘'을 한다. 하지만 그들의 마음속엔 이런 생각이 가득 하다. '놀고 있네. 복 안 좋아하는 놈 어디 있어. 목사 자기도 복 좋아해서 별짓 다하면서.' 이게 바로 교회 현실이다.

1997년도에 발표한 한국갤럽의 '한국인의 종교와 종교의식 조사 보고서'에 의하면 개신교인들 가운데 3분의 1이 넘는 39.2%가 '교회에 헌금하는 액수 이상으로 복을 받는다'고 믿는 걸로 나타났다.

대부분의 기독교인들은 수능을 치는 자녀가 있으면 평소 나가지 않던 새벽기도회를 나간다. 금요기도회도 나간다. 헌금 액수도 달라진다. 필요하다면 몰래 점집도 찾아가서 점도 본다. 수능 당일에는 자녀에게 엿을 사준다. 적어도 그 순간엔 하나님보다 엿이 더욱 믿을 만하다. 입시장 대문 앞에 엿을 붙여 놓고 '비나이다 비나이다'를 연발한다. 자녀가 대학만 갈 수 있다면, 특히 명문대학에 갈 수만 있다면 교회도 갈아치우고, 목사도 갈아치우고, 하나님도 갈아치울 자세가 되어 있다.

아이러니하게도 교회 입장에선 이런 교인들이 '알토란 같은' 신자들이다.

"우리 교회에 나오면 하나님이 주신 축복으로 사업도 잘 되고 장사도 잘 됩니다."

하도 사람들이 교회에 오지 않으니까 교인 중 이렇게 전도하는 사람이 많다. 맞는 말이다. 교회에 가면 비교적 사업과 장사가 잘 되는 편이다. 단지, 그 원인이 하나님이 아니라 사람들 때문이라는 것이 다를 뿐.

예컨대 서울에서 살다가 안성으로 이사 온 '김구이' 씨가 있다 치자. 그는 무슨 장사를 해볼까 고민하다가 김밥 집을 열었다. 거의 매일 파리를 날렸다. 그런데 500m 떨어진 다른 김밥 집엔 항상 사람이 미어터진다. 김 씨는 이유를 알아본다. 아하, 그 집 주인 알고 보니 안성의 대형교회 다니는 집사다. 김 씨는 그 사람을 찾아가 "나도 교회 좀 데리고 나가슈"라고 한다. 그 집사는 '웬 횡재냐'며 쾌재를 부른다. 교인을 하나 새로 만들려면 얼마나 어려운지 전도를 해봐서 잘 안다. 그 후 어떻게 됐을까. 그 교회 목사도 오고, 장로도 오고, 집사도 오고, 평신도도 오고, 청년회장도 오고, 학생회장도 오고. 하다못해 초등부 꼬맹이까지 온다. 김구이 씨의 김밥집은 대박이 났다.

만들어낸 이야기 같은가. 내가 사는 안성에서 실제로 있었던 일이다.

식당 같은 데 가면 '이곳에 오신 손님에게 평화를'이란 문구가 걸려 있다. 성구와 교회 달력도 걸려 있다. 왜 그러겠는가. 혹시나 교회 다니는 사람 중 '우리가 남이가'란 의식을 가지고 다음에 또 와달라는 몸부림이다. 어쩌면 어떻게든 먹고 살아보겠다는 민초들의 몸부림이다.

하나님도 끊을 수 없는 교회 인맥

내가 사는 안성 이야기를 또 하나 더 하겠다. 안성의 몇몇 대형교회에서 배출한 거물급 인사가 있다. 안성 국회의원, 안성 시의원, 세무사, 변호사, 대부호 등이다. 이처럼 사업을 크게 하려면, 아니 안성 땅에서 먹고살려면 교회에 가지 않고는 못 배긴다.

사람들은 교회에 가면 제일 신경 쓰는 것이 대인관계 망을 구축하는 것이다. 인맥을 만드는 일이다. 지연, 학연, 혈연에다가 교연까지. 튼튼한 동아줄을 넘어서 아주 질긴 4겹 동아줄로 자신을 묶는다. 교회는 '하나님 안에서 우리는 하나다'란 메시지를 선포함으로써 이 동아줄을 하나님도 끊을 수 없는 케이블로 만들어 준다.

특히 자본주의 사회, 생존 경쟁의 사회에서 교회 등 종교단체에 출석하는 것은 현대를 살아가는 사람들의 중요한 옵션이다. '뭉치면 산다'는 정서는 근현대를 사는 한국인에게는 익숙하다. 어떡하든, 어쨌든, 무조건, 일단 뭉치고 보자는 의식은 한국교회가 살 길이었다.

그밖에도 '교회 오빠 보려고, 배우자 구하려고, 연예인 보려고, 교회 가라는 부모 소원 들어주려고, 교회 안 가면 자꾸 연락 오니까, 안 가면 마음이 불편하니까, 성가대 찬양이 좋아서, 목사가 잘생겨서, 교회가 마을에서 제일 커서' 등등의 이유가 있다. 이 글을 읽는 당신이 교회에 다니는 사람이라면 앞의 사소한 이유들이 자기 이야기라며 무릎을 치는 사람이 있을 것이다. 이 모든 이유들이 목사가 강단에서 설교하는 내용과는 천지차이다. 마치 목사의 설교 내용과 목사의 생활만큼이나 말이다.

3
Chapter
아이들을 절대 교회에 보내지 말아야 할 10가지 이유

Chapter 3　아이들을 절대 교회에 보내지 말아야 할 10가지 이유

1. 역사의식이 제로가 된다

요즘 교회 다니는 아이들의 역사의식을 보여주는 유머가 있다.

"안중근 의사는 3·1운동 때 시위하다 다친 사람들을 치료해준 의사이고, 류관순 누나는 3·1운동 때 거리에서 태극기 팔던 누나다"

우스운가. 이게 현실이다. 역사의식은 둘째 치고, 역사적 사실조차 잘 모르는 아이들을 어떡해야 할까. 이렇게 된 데는 교회의 책임이 아주 크다.

구약성서의 신만 세상을 창조한 게 아니다

"태초에 하나님이 천지를 창조하시니라."(창세기 1장 1절)

성서의 첫 페이지를 열자마자 신이 세상을 창조했다고 나온다. 이른바 '창조설화' 또는 '창조신화'다. 교회 사람들에겐 이 구절이 대단한 자부심이며, 자존심이다. 자신이 믿는 신이 유일무이한 신이며 조물주라는 자부심 말이다. 우스운 건 이 구절 하나에 목매는 종교가 기독교 외에 또 있다. 바로 유대교와 이슬람교다. 이른바 유일신교들. 이 세 종교는 서로가 자신의 신이 유일신이며 참 신이라고 주장한다. 과연 누가 맞을까. 시어머니도 모르고 며느리도 모르고 하나님도 모른다.

고대 근동의 역사적 자료를 살펴보면 금방 해답은 나온다. 유대인에게 여호와가 있다면 바벨론 사람에겐 마르둑(Marduk)이 있다. 이 신은 고대 메소포타미아의 신으로 위대한 도시 바빌론의 수호신이다. 기원전 18세기 함무라비 왕 시대부터 바빌로니아의 여러 신 가운데 주신(主神)의 역할을 했다. 그 신은 '에아'와 '엔릴'의 후계자로 악한 용 티아마트를 죽이고, 티아마트의 시체를 이용해 혼돈으로부터 세계를 창조했다고 전해진다.

사실 중국, 일본, 한국, 인도 등 동양에도 창조설화가 있다. 중국의 삼국시대인 3세기 오(吳)나라의 쉬쩡(徐整)이 쓴 《산우리지》

(三五歷記)란 책에는 '판꾸'(盤古)라는 거인 신이 천지를 창조했다고 나온다. 인도 사람들은 "태초에 우주의 근본 원리인 '브라흐만'이 있었다"고 믿는다. 그 '브라흐만' 신이 세상을 창조했다는 것에 대해 한 치의 의심도 없다.

일본의 창조신화는 특이하다. 이자나기와 이자나미라는 부부신이 세상을 창조했다고 한다. 그들은 남녀 신들 중 8번째 쌍으로서 혼돈의 세계로부터 땅과 하늘이 서로 분리되고 난 후에 나타났으며, 하늘의 구름다리 위에 서서 보석이 달린 창으로 태고의 바다를 휘저어 최초의 땅덩어리를 만들었다고 전해진다.

우리 민족에게도 단군신화 외에 또 하나의 창조신화가 있다. 신라시대 박제상이 쓴 《부도지》(符都誌)에는 '마고주'라는 창조신이 나온다. 《부도지》에 의하면 "마고주 신은 네 천인과 네 천녀를 결혼시켜 자손을 번성하게 하니 이들은 3남 3녀를 낳았고, 몇 대를 지나면서 그 수효가 3천 명으로 불어났다"라고 말하고 있다. 그 신은 구약성서의 '노아의 대홍수'와 닮은 재앙을 세상에 내리는 신으로 묘사되고 있다.

어렸을 때부터 교회에 다닌 아이들은 우리가 아담의 후손이라는 것을 믿어 의심치 않는다. 서양 사회에선 아예 '아담'을 '최초의 인간'이라고 못 박기도 한다.

하지만 이스라엘과 우리나라의 실제 거리만큼이나 관계가 먼

이야기다. 구약성서의 '아담'은 유대민족의 창조설화에 나오는 주인공이다. 마치 바벨론의 창조신 마르둑의 아들이 '나부'라고 말하는 것과 같다. 아담, 그는 단지 신화 속의 인물이다. 그가 존재했는지에 대해 역사적으로 증명할 길은 아무도도 없다. 아담은 우리 민족으로 말하면 단군신화에 나오는 단군쯤으로 보면 된다.

유대민족의 아담신화는 사실이라 믿으면서, 우리 민족의 단군신화는 허구라 믿는다면 심각한 오류가 아닐까. 아담신화의 문서 출처가 《구약성서》 모세오경이라면, 단군신화의 문서 출처는 《삼국유사》와 《제왕운기》다. 두 신화의 무게는 똑같다. 그런 면에서 유대인의 조상이 아담이요, 우리 민족의 조상이 단군이라고 믿는 것이 자연스럽다. 아담이 우리의 조상이라고 믿는 것보다 훨씬 객관적이고 역사적이다.

교회 아이들에겐 '하나님' 아니면 '사탄'

교회에 다니는 아이들이 가지고 있는 역사적 사실인식의 오류보다 더 심각한 것이 있다. 바로 세상을 '선악'이라고 하는 이분법으로 보는 역사의식이다. 그들에겐 '하나님' 아니면 '사탄'이다.

이런 이분법이 뭐가 문제냐고? '선'이 항상 자기 쪽이라고 믿는다는 것, 바로 그것이 심각한 문제다. '악'은 항상 상대방이다. 다른 종교뿐만 아니라 자기와 다른 그 무엇에 대해서도 받아들일 용의는 없다. 왜냐고? 그 자체가 악이니까. '악'과는 그 어떤 대화와 타협이 있을 수 없다. 단지 처부수어 이겨야 할 대상이다. 사탄은 하나님의 이름으로 반드시 심판해야 할 존재이기 때문이다.

유대민족이 이집트를 떠나 가나안 땅으로 쳐들어갔다. 여호와 신이 허락한 땅을 차지하려고 전쟁을 치렀다. 전쟁에서 승리하면 적의 씨를 말렸다. 남녀노소를 처형했고, 심지어 가축까지도 몰살시켜 버렸다. 이것이 여호와 신의 명령이라고 성서는 기록한다.

사실 이러한 정서는 고대 근동의 사막 유목민족들의 정서다. 그들은 자신들이 섬기는 신의 이름을 걸고 전쟁을 했다. 그들의 승리는 곧 자신들의 신의 승리였다. 마찬가지로 패배는 신의 패배를 의미했다. 그들에겐 자비가 없었다. 철저한 응징만 있었다.

이러한 습성은 황량한 사막에 살면서 형성되었다. 사막에서 물이 있는 오아시스는 생존의 필수조건이었다. 하지만 안타깝게도 이 오아시스는 넓지 않고 한정되어 있다. A부족이 차지하면 B부족은 사라져야 한다. 둘 다 공존하기는 현실적으로 불가능하다. 이 때문에 그들의 정서는 자신의 부족이 '선'이며, 적은 '악'으로 간주되었다. 적은 반드시 사라져야 했다.

이런 역사관은 역사에서 발생한 무수한 침략자들의 행위를 변호하는 데 사용되었다. 영국과 프랑스가 아메리카, 아프리카, 아시아 등을 하나님의 이름으로 침략했다. 기독교를 선교하는 것이 신의 뜻이라는 명분을 내세웠다.

이를 배운 영국의 청교도들은 아메리카 땅에 건너가 인디언을 무참하게 학살한 후 미국을 건설했다. 그래도 교회에서는 이렇게 가르친다. '청교도들의 행위는 하나님의 뜻을 찾아 떠난 거룩한 행위'라고. 그들이 아메리카에 도착해 자신의 집보다 먼저 교회를 세운 것은 하나님께 복 받을 짓을 했다고. 아메리카의 인디언을 몰아내고 살해한 것은 구약성서의 출애굽 사건의 재현이라고. 그 모든 것이 하나님 나라의 확장이라고. 그 모든 것이 하나님이 직접 행하신 선교의 역사라고.

2. 합리적인 사람이 되기 어렵다

"전도사님! 전도사님!"
"와 불렀샀노?"
"지 고민있는데예."
"뭐꼬?"
"실은 지가 어제 노래방을 갔거덩예?"
"근데?"

"울 엄마가 노래방 가면 지옥 간다카던데 사실인교?"
"그기 뭔소리고?"
"노래방 가서 춤추고 노래하는 기 지옥 가는 예행연습이라 캅디더."

전도사 시절, 내가 지도하던 교회 학생이 심각하게 물어왔다. 뭐라고 속 시원하게 대답을 못해줬다. 실은 그 엄마라는 분이 내가 시무하던 교회의 집사였으니까.

기독교 국가가 잘 산다?

교회에서 가르치는 것들 중 이런 예가 허다하다.
"어린이 여러분, 예수 믿는 나라들이 잘 사는 거 알아요?"
"예? 진짜요?"
"세계를 둘러보세요. 기독교 국가가 잘 살잖아요. 영국, 프랑스, 스페인, 미국…"
"아하, 그렇구나."

아이들은 그런 줄로만 안다. 하지만 조금만 눈을 열어 생각하면 무너질 탑인데 말이다. 기독교를 믿지 않는 나라 중에 경제적으로 잘 사는 나라는 수두룩하다. 석유 나는 중동국가들을 비롯해 일본, 대만 등이 그렇다. 반면에 굶어 죽는 아이가 많은 나라 에디오

피아를 비롯한 아프리카 여러 국가들도 기독교를 꽤나 많이 믿는 나라다. 아메리카의 여러 경제약소국가들 중에서도 기독교 국가는 꽤나 많다.

사실 영국, 스페인, 미국, 프랑스 등은 공통점이 있다. 모두 다른 나라를 침략한 경력을 가지고 있다는 것이다. 그들이 경제적으로 잘 사는 것은 자신의 것으로 일어선 게 아니다. 남의 것을 빼앗아서 그렇다는 것을 조금만 살펴보면 알 일이다.

더 웃긴 건 그렇게 말한 교사의 다음 가르침이다.

"어린이 여러분, 하나님의 십계명 중 제8계명이 '도둑질하지 말지니라'에요. 도둑질은 하나님이 정말 싫어하세요."

사람들은 교회에 가면 이상하게도 이성이 마비되는 듯하다. 합리적인 사고는 찾아보기가 힘들다.

좀 더 이야기를 진전시켜보자. 2006년 7월 인터넷에 오른 한 장의 사진이 세상을 경악하게 했다. 우리나라 안방극장에서 영상으로도 방영이 되었다. 《오마이뉴스》(2006. 7. 21.) 등 주요 신문들도 그 기사를 다뤘다.

거기엔 이스라엘 소녀들이 천진난만한 얼굴을 하고 로켓탄에 글을 쓰고 있다. 거기에 이렇게 쓰여 있다.

"이스라엘 어린이가 레바논 어린이들에게 사랑을 담아 보낸다."

뭐라고? 그 로켓탄 하나에 얼마나 많은 레바논 어린이가 죽을지도 모르는데. 그 모습이 더도 말고 덜도 말고 여호와 하나님을 철저히 믿는다는 이스라엘의 어두운 모습이다.

사실 아이들이 무슨 죄일까. 그렇게 가르친 어른들, 그러한 장면을 소녀들 뒤에서 흐뭇하게 지켜보며 카메라에 담은 어른들이 문제이지. 유대교 이스라엘은 아직도 여호와의 이름으로 가나안 족속을 몰아내는 '성전'(聖戰)을 치루고 있다.

그와 뿌리를 같이 하는 기독교도 별 수 없다. 1212년에 유럽에서 일어난 소년 십자군이 이를 잘 말해준다. 1차 소년십자군은 프랑스의 한 양치기 소년에 의해 시작됐다. 그는 자신의 환상 속에서 예수가 순례자의 모습으로 나타나 프랑스 왕에게 전할 편지를 주었다고 주장했다. 편지를 전달하러 가는 길에 그는 수많은 소년 추종자를 모았다. 약 3만 명이 마르세유로 갔으나 거기서 악명 높은 상인들에게 붙잡혀 북아프리카의 노예시장으로 팔려갔다.

2차 소년십자군은 독일의 한 소년이 이끌었다. 그는 약 2만 명의 어린이를 모아 소년십자군을 결성했다. 알프스 산맥을 넘어 예루살렘 성지를 이슬람으로부터 탈환하기 위해 나섰다. 하지만 이들도 지중해를 건너지는 못했다. 수많은 소년들이 동방에서 노예로 팔려가 버렸다.

소년들이 그럴 동안 그 부모들은 도대체 뭘 했단 말인가. 그 사회 어른들은 도대체 무슨 생각으로 그 아이들을 보고만 있었을까.

종교(기독교)가 참 무섭긴 무섭다.

성서에 있으면 무조건 사실이다?

노아의 대홍수 이야기는 한편의 재미있는 동화다. 세상의 모든 동물들이 노아의 한마디에 뭔가 홀린 듯 배로 향했단다. 암수 한 쌍을 모두 배에 넣었단다. 공룡으로부터 개미에 이르기까지. 사자 암수와 사슴 암수가 홍수 내내 아무 일 없이 지냈단다. 40일 동안 모든 동물들이 배 안에서 잘 먹고 잘 살았단다. 홍수가 끝나고 배의 문을 열자 동물들은 언제 그랬냐는 듯 각자의 길을 갔단다. 동물들이 교회에서 길러낸 교인들처럼 참 착하기도 하지. 이런 이야기를 들려주는 교사는 "하나님이라면 못하실 게 없다"는 사족은 필수다.

《구약성서》여호수아서에 의하면 "그러자 이스라엘 군이 그들의 원수를 다 쳐부술 때까지 해와 달은 각 자리에 머물러 있었다. 그래서 야살의 책에는 '태양이 중천에 머물러 거의 24시간 동안 그대로 있었다'라고 기록되어 있다"(여호수아 10장 13절)라고 되어 있다.

보았는가. 여호수아가 기도하니 태양이 24시간 동안 멈추어 있었단다. 태양이 지구 주위를 돈다고 믿었던 고대사회의 사고대로

라도 있을 수 없는 일이다. 어찌 태양이 멈춘단 말인가. 하물며 지구가 24시간 동안 자전을 하지 않았다니. 있을 수 없는 일이다. 아이들이 "어떻게 된 거냐고?" 물으면 "이 세상을 만드신 분이 이 세상을 맘대로 못하겠니?"라고 교회의 교사들은 대답한다. 사실 교회에선 늘 그런 식이다.

예수가 물 위를 걸었다 해도, 예수가 물고기 두 마리와 떡 다섯 개로 5천 명을 먹였다 해도, 물로 포도주를 만들었다고 해도, 예수가 죽은 사람을 살렸다 해도, 예수가 십자가에서 죽은 지 3일 만에 부활했다고 해도 그저 '아멘'이다. 그가 하나님의 아들이니까 그 정도는 당연하다고 믿는다.

예수가 물 위를 걷는다면 중력의 법칙을, 물고기 두 마리와 떡 다섯 개로 5천 명을 먹였다면 질량보존의 법칙을, 물로 포도주를 만들었다면 물질불변의 법칙을, 죽은 지 3일 만에 부활했다면 생명의 법칙을 어긴 셈이다. 신은 자신의 법칙을 스스로 파기한 무법자란 말인가. 그밖에도 성서 속의 기이한 일들을 의심하지 않는다. 괜히 전능하신 하나님이겠냐며 자위한다.

교회는 아이들에게 늘 이렇게 가르친다.

"성서는 곧 하나님 말씀이다. 그러므로 하나님 말씀을 기록한 성서는 틀림없는 책이다."

이른바 '성서 무오설'은 이 세상에 있는 교회라면 불문율이다.

성서에 흠집을 내면 이단으로 몰리기 십상이다. 현대판 마녀사냥을 당하기 딱 좋다.

그런데 교회는 국어 시간에 배운 '은유법과 직유법, 상징법' 등을 알면서도 무시하는 걸까. 저자로서 글을 써보면 당장 알 일인데. 성탄절에 산타할아버지가 선물을 준다고 하면 요즘은 다섯 살 배기 꼬마도 곧이곧대로 믿지 않는데 말이다.

3. 이중인격자가 되기 십상이다

먼저 용어부터 정리하고 넘어가자. 위선자와 이중인격자는 비슷한 말 같지만, 엄연히 다르다. 사전에 보면 위선자는 '겉으로만 착한 체 하는 사람'이란 뜻이다. 이중인격자는 '겉과 속이 다른 사람을 비유적으로 이르는 말'이다. 이중인격자의 또 다른 뜻은 '인격의 통일성에 장애가 일어나서 생기는 이상 성격을 지닌 사람'이란 의미로 심리학적 용어다. 교회에 다니면 위선자를 넘어서 이중인격자가 되기 십상이다. 무슨 말인지 고개가 끄덕여질 때까지 이야기를 풀어보겠다.

기독교윤리실천운동(기윤실)에서 2009년도에 여론조사 결과 하나를 발표했다. 일반인 남녀 1천 명을 상대로 한 조사에서 개신교회가 개선되어야 할 사항을 물었다. 일반인들이 꼽은 내용은 ▶교인과 교회지도자들의 언행일치(50.1%) ▶타 종교에 대한 관용(20.5%) ▶재정 사용의 투명화(13.4%) ▶사회봉사(9.3%) ▶교회의 성장 제일주의(6.5%) 등이었다(기독교신문《베리스타》2009.11.14.). '교인과 교회지도자들의 언행일치'가 단연 금메달감이었다.

이 조사에 의하면 개신교회를 신뢰한다는 응답은 전체 응답 중 19.1%에 불과하다. 그나마도 2008년 조사 때보다 0.7%가 오른 것이다. 신뢰하지 않는다는 응답은 48.3%에서 33.5%로 낮춰졌다.

개신교인들에 대해 교회를 다니지 않는 일반 사람들이 지적하는 여러 가지 평가가 있다. 그 중 단연 압권이 '교회에 다니는 놈 못 믿겠다'는 것이다. 이유는 '말 따로 행동 따로'이기 때문이다. 비개신교인들 사이에선 이미 정설이다. 사실 교회에 다니는 사람끼리도 서로를 믿지 못한다. 목사와 장로, 장로와 집사가 서로에 대해 신뢰를 깨기 일쑤다. 개신교는 이미 세상에 신뢰를 주지 못하는 대표적인 종교 중 하나다. 뼈아픈 이야기다. 이야말로 하나님의 백성이라면서 하나님 얼굴에 똥칠하고 다니는 것이기 때문이다.

어떻게 살아도 죽을 때 회개하면 된다?

개신교인들은 왜 이렇게 말과 행동이 일치하지 않을까. 개신교인들이라고 해도 개신교인이기에 앞서 자연인일 텐데 말이다. 도대체 어떤 메커니즘이기 때문일까?

지인으로부터 들은 이야기다.

"제가 아는 친구 중에 교회 다니면서 사업하는 친구 놈이 있죠. 그 놈은 항상 자신은 술 담배를 안 하니까 깨끗한 사람이래요. 그런데, 어느 날 그놈이 자기 직원을 부당해고 하더라고요. 그래서 '너 그러면 뒤에 근로기준법에 걸려'라고 했더니 '괜찮아, 괜찮아'라고 하더라고요. 그러면서 하는 말이 가관이데요. 교회 가서 진심으로 하나님께 회개하면 된다나 뭐래나…."

우스운가. 주위에 물어보라. 개신교인 중 이렇게 믿는 사람 꽤나 많다. 예수가 자신의 죄를 지고 십자가에서 죽었으니 그를 믿고 회개하면 용서해준다고 믿는다. 그들은 회개만 하면 붉은 죄가 눈과 같이 희어진다는 마법을 신봉한다.

그렇게 믿는 메커니즘의 성서적 사건이 바로 예수와 함께 못 박혀 죽은 오른편 강도의 고백사건이다. 오른편 강도는 죽으면서 "예수님! 당신의 나라가 임할 때 나를 기억하소서"라고 했다. 그 한마디에 그의 죄는 눈과 같이 희어지고, 천국으로 갔다고 교회는 가르친다. 하지만, 왼편에 있던 강도는 끝까지 '싸가지' 없게 예수에게 대들다가 지옥에 갔다고 가르친다. 죽음의 순간인 단 몇 분만에 영원이 결정되어 버린 셈이다.

교회 논리로는 히틀러도 죽을 때 회개하면 천국 가고, 마더 테레사도 죽을 때 회개하지 않으면 지옥 간다는 것이다. 교회는 지금 이렇게 가르치고 있는 것이다.

"삶은 별로 중요하지 않다. 중요한 건 죽음의 순간이다. 중요한 건 회개의 순간이다. 개차반으로 살았어도 최후의 순간에 회개만 하면 하늘나라 시민이 된다. 반면 삶의 질과 내용은 별로 중요하지 않다. 어떻게 살았든 회개하지 않으면 영원한 지옥 자식이 된다. 과정보다 결과가 중요하다."

이러니 교회 아이들이 뭘 보고 배우겠는가. 혹 깨어 있는 어른 교인들 중에는 삶의 질도 중요하다고 가르치겠지만, '한 방 회개, 단번 천국'의 유혹에 안 넘어갈 장사가 있을까. 이처럼 회개라는 유혹에 길들여진 교인들은 오히려 죄에 대해 둔감해진다.

내가 아는 목사가 있다. 그는 '야동'(야한 동영상) 마니아다. 새로 나온 야동은 도시락 싸들고 다니며 찾아본다. 얼마나 광팬인지 심지어 예배시간 30분 전까지도 야동을 즐긴다.

문제는 그의 아내다. 이러한 모습들을 그의 아내가 다 지켜보고 있다. 아내는 마냥 괴롭다. 조금 전까지도 야동 보던 남편이 강단에 서서 하나님의 말씀을 전하니 얼마나 가증스러워 보였을까. 설교할 때는 얼굴 표정도 마치 천사처럼 바뀌니 미칠 지경이다. 그날따라 설교 내용이 "하나님이 거룩하시니 우리도 거룩해야 합니다"라니. 그 목사가 말한 '거룩할 성'(聖)자는 혹시 '성 성'(性)자가 아닌가 싶다. "하나님이 性하시니 우리도 性해야 합니다"라고. 아내 입장에선 '하나님은 뭐 하시나. 저런 인간 안 잡아가고'라고 속으로 말했으리라.

그것보다 더 심각한 문제가 있다. 이 목사는 아내를 폭행하기 일쑤다. 아내가 야동 본다고 눈치주고, 자신을 무시한다는 이유로 말이다. 아내는 얻어맞아서 시퍼렇게 멍든 눈을 숨기느라 힘들었다. 명색이 목사 체면에 아내를 때렸다고 하면 교인들이 떠날까봐서다. 그날따라 설교 내용은 '예수가 교회를 사랑하듯 내 아내를 내 몸같이 사랑합시다'였다. 아내도 한계가 왔다. 더 이상 못 살겠다고 이혼했다.

이중인격의 밑천이 되는 거룩함

그렇다. 거룩함을 강조할수록 사람들은 이중인격을 가지게 된다. 종교성이 강한 사회일수록 그 구성원들의 이중인격은 심해진다. 겉으로는 어쨌든 선한 모습, 종교적인 거룩한 모습을 강요받기 때문이다. 실상은 거룩하지 않은 존재가 거룩함을 드러내려니 얼마나 많은 에너지가 필요하겠는가.

종교적인 사회일수록 도덕률이 엄격하다. 이슬람사회는 술도 못하게 한다. 강간을 하면 쳐 죽이거나 성기를 자른다. 그렇게 엄격한 사회에서는 사람들의 뇌의 구조가 이중적이 된다. 자신을 포장하는 기술이 뛰어나게 된다. 단순히 거룩한 체 하는 위선자를 넘어서 겉과 속이 완전히 다른 이중인격자 수준까지 가기 십상이다.

최근에 서울의 '사랑의 교회'가 어마어마한 규모의 교회당을 짓고 있다. 그래, 교회 돈을 들어서 교회를 크게 짓겠다는데 어떻게 말리랴. 교회 돈이 교인들 주머니를 털어서 만든 돈이라고 굳이 트집 잡을 생각은 없다. 다만, 교회를 건축하면서 일꾼들은 일요일에도 일하게 한다니 그게 문제라는 것이다. 일요일은 주님의 날이라며 곧 죽어도 '주일은 쉽니다'란 문구를 가게 앞에 걸어두는 사람들이 말이다.

교인이 된다는 것은 어쩌면 '이중 잣대'를 무한히 키우는 사람이 되는 게 아닐까. 자신의 자녀를 지킬박사와 하이드 같은 괴물로 만들고 싶은 사람은 아무도 없다. 하지만 오늘의 교회는 바로 아이들을 그러한 이중인격자로 만들고 있는 것이다.

4. 종교 바보가 따로 없다

바보라고 하면 두 가지 용례로 쓰인다. 하나는 지식적으로 아무것도 모른다는 것이고, 또 하나는 실천적으로 아무것도 할 줄 모른다는 뜻이다. '교회 다니면 종교 바보가 된다'는 이야기는 이 두 가지 뜻을 모두 포함하고 있다.

어릴 때부터 교회에 다닌다는 것은 교회가 제시한 세계관에 길들여진다는 의미다. 나아가서 교회의 세계관에 중독된다는 뜻이다. 바꿔 말하면 다른 세계관은 일체 모른다는 뜻이다. 이런 것을 우리는 일종의 '세뇌'라고 한다.

교인들은 무슨 일이 생기면 '이게 하나님의 뜻일까 아닐까'를 먼저 고민한다. 그러다가 목사를 찾아가고, 종교지도자를 찾아간다. 그들에게서 해답을 찾는다. 마치 점집을 찾아가는 사람들처럼. 신의 뜻이라고 하지만 결국은 신학적 교리의 뜻이요, 교회의 뜻이요, 목사의 뜻이다. 마치 자신의 뜻은 하나도 중요하지 않은 사람들처럼 생각한다.

다르게 표현하면 교인들은 하나의 시각에 매몰된 사람들이라 할 수 있다. 그들은 종교와 모든 것을 결부시킨다. 모든 것을 하나님과 연관시킨다. 그들의 삶의 모토는 '모든 것이 주님께로부터 왔으니 모든 것이 주님께로'이다. 바꿔 말하면 모든 것이 교회로부터다.

순종이란 이름의 불문율

종교학자 뮐러는 말한다.
"하나만 아는 것은 아무 것도 모르는 것이다."
우리 속담에도 이와 비슷한 말이 있다.
"하나는 알고 둘은 모른다."

이 말에 의하면 하나만 알려고 애쓰는 기독교인들은 아마도 바보가 되려고 기를 쓰는 사람들처럼 보인다. 우리는 이런 사람들을 '우물 안 개구리'라고 한다. 자신이 아는 세계관이 최고인양, 전부인양 믿고 가르치고 행하는 사람들에게 딱 어울리는 말이다.

《교회 가기 싫은 77가지 이유》(이만재 지음, 규장 펴냄, 2000년)를 한 번 보라. 책 제목만 보고 '교회 비판서'라고 생각하면 큰 오산이다. 거기엔 77가지의 교회 가기 싫은 이유를 가진 젊은이들에게 이만재 장로가 일일이 대답해주는 책이다. 사실은 교회 장려서다.

이만재 장로는 77가지 이유에 대해 하나도 놓치지 않고 반론을 제시해준다. 책을 읽으면서 나는 그 모든 사안에 대해서 꼬박꼬박 대답해주는 배짱이 부럽기도 했다. 어떻게 77가지 사안에 대해서 명쾌하게 답을 내려줄 수 있는지 말이다.

이만재 장로의 말투는 이랬다.

"젊은이들이 하는 생각을 나도 젊었을 때 했다. 나이 들어 보니 그 생각에 대해 나는 반성하고 있다. 젊은이가 몰라서 그렇지, 하나님의 교회는 젊은이가 생각한 것보다 훨씬 크고 오묘하다."

교회의 메커니즘이 항상 이렇다. 교회에서 주는 모든 지식의 전달 방식은 항상 훈계 스타일이다. 옛날 서당에서 훈장이 학생의 종아리를 때려가며 가르치던 방식이다. 일단 배우는 너희들은 무지하니, 잔말 말고 배우라는 식이다. 머리로 이해하지 말고, 마음으로 무조건 믿으라는 식이다.

교회에선 머리로 생각하는 사람은 어울리지 않는다. 모든 것을 알고 계신 하나님 앞에 나아가 무릎을 꿇으면 된다. 결국 하나님을 대리하는 교회와 목사 앞에 무릎을 꿇으라는 이야기를 고상하게 돌려서 하는 것이다. 이는 괜히 나대지 말고 자신이 바보라는 걸 인정하라는 이야기와 다를 바 없다.

교회에선 교인들에게 늘 가르친다. '하나님 중심, 교회 중심'이라고. 교회에서 '하나님'이란 말을 쓸 때는 '교회'를 의미한다고 바꿔 들으면 딱 맞다.

교회에선 어른들이 말하면 순종해야 한다는 불문율이 작용한다. 목사가 말하면 하나님 말씀처럼 받아들여야 한다고 강조한다. 위에서 시키면 들어야 한다는 '상명하복'을 일찌감치 배우는 곳이 교회다.

거기엔 '아니오'가 있을 수 없다. 왜냐하면 '아담'이란 작자가 하나님이 먹지 말라고 한 과일을 따 먹는 바람에 인간이 요 모양 요 꼴로 사니까. 교회에서 항상 최대의 죄는 '불순종, 반역'이다.

사실 불순종과 반역을 제일 싫어하는 부류들이 있다. 우리는 그들을 일러 '독재자'라고 한다. 또는 '최고 권력자'라고도 한다. 권력의 중심에 있는 이들은 항상 불순종을 경계한다. 권력이 막강한 세상에선 불순종과 반역을 저지르는 자에겐 가혹하다. 조선시대엔 역적에게 자신뿐만 아니라 3족을 멸하는 벌을 주었다. 신은 남자에게 노동의 고통을, 여자에게 해산의 고통을 주었다. 그리고 낙원에서 추방당하는 벌을 주었다.

이런 메커니즘 속에 사는 평범한 사람들의 양태는 크게 두 가지로 나타난다. 더러워도, 아니꼬워도 꾹 참고 산다. 똥이 무서워서 피하나 더러워서 피하지. 두 번째는 그나마 기쁘게 적응하며 산다. 그것이 자신이 살 길임을 누구보다 잘 안다. 권력자에게 자신의 충성을 바치고, 권력자로부터 은총의 열매를 따먹는다.

어찌 됐건 그들에겐 자율성이란 눈을 씻고 찾아봐도 없다. 자율성이란 한마디로 자신 스스로 알아서 해야 된다는 것 아닌가. 교회의 메커니즘 속에서 자신이 알아서 할 수 있는 것은 숨 쉬는 것밖에 없다. 사실 그것조차 하나님이 주신 것이니, 하나님이 주인인 교회의 말대로 숨도 쉬어야 할 지경이다.

기도하면 되는데 뭐 하려고 노력해?

교인들은 기도하면 들어준다는 것에 길들여진다. 성서에 "구하라 주실 것이요 찾으라 찾을 것이요 두드리라 열릴 것이니"(마태복음 7장 7절)이란 구절이 있다. 사실 이 구절만큼 적극적이고 진취적인 구절은 없다. 보편적인 시각으로 이 구절을 바라보면, 쟁취하고 도전하라는 메시지로 보게 된다. 길이 없으면 만들어서라도 가라는 메시지로 알아듣는다.

하지만 안타깝게도 어렸을 적부터 교회 생활을 한 사람일수록 다르게 받아들인다.

"하나님께 구하라 주실 것이다. 하나님께 찾으라 찾을 것이다. 하나님께 두드리라 열릴 것이다."

그들은 참으로 진취적인 이 구절을 '하나님께 기도하라'는 명령어로 받아들인다. 무슨 일에 부딪치면 무릎 꿇고 기도하라는 말로 이해한다. 자신은 아무것도 할 수 없는 연약한 존재라고 고백한다. 하나님 당신은 전지전능하시니 자신의 문제를 풀어 달라고 떼를 쓴다. 마치 아기가 젖 달라고 보채듯이 말이다. 이러한 사람들을 교회에서는 신앙심이 좋은 사람이라고 가르친다.

이런 현실이다 보니 우리의 아이들이 교회에서 키워진다면 이 험한 세상을 어떻게 살아갈지 걱정이 될 수밖에 없는 것이다.

5. 일요일엔 아이들도 좀 쉬고 싶다

일요일에 교회에서 아이들을 상대로 하는 예배와 교육 행위를 뭐라고 하는 줄 아는가. 바로 '교회학교, 주일학교'라고 한다. 여름에 하는 것은 '여름성경학교', 겨울에 하면 '겨울성경학교'라고 한다. 교회에서 학교를 운영한다는 이야기다.

그러면 주일학교는 어떻게 해서 생겨났을까. 주일학교는 영국 성공회(개신교)에서 처음 시작되었다. 성공회에 다니던 로버트 레이크스는 신문편집자이기도 했다. 그가 살던 1769년 당시에는 설익은 산업혁명 때문에 아이들이 고통을 당했다. 빈곤층 아이들은 공장과 탄광에서 하루 16시간씩 노동을 강요당했다. 일요일에는 제대로 쉴 곳도 갈 곳도 없어서 거리의 아이들이 되었다.

이를 지켜본 레이크스가 일을 벌였다. 거리의 아이들을 모아 기독교 교리와 성서뿐만 아니라 기초과학 수업, 읽기와 쓰기 등을 가르쳤다. 이 운동은 들불처럼 번져나갔다. 1831년엔 영국 전역으로 주일학교 운동이 퍼졌다. 당시 영국의 어린이 인구의 25%에 달하는 125만 명의 아이들이 주일학교에서 배우게 되었다.

이 학교는 일종의 대안학교였다. 당시 영국의 학교가 빈곤층 아이들에게 교육의 혜택을 주지 못하던 것에 대한 대안이었다. 그러고 보면 주일학교는 대안학교의 선구자이기도 하다. 이런 교육이 영국 학교교육의 기초가 되었으며, 지금은 세계 어느 곳이라도 개신교가 들어간 곳이면 어김없이 주일학교가 운영되고 있다.

아이들이 가고 싶지 않은 곳 1위, 학교

사실 우리나라에 상륙한 개신교회 또한 초창기부터 주일학교를 활발하게 운영했다. 18세기 영국의 아이들 상황과 한국전쟁 이후 우리나라 아이들의 상황이 비슷했다. 그런 아이들에게 주일학교는 먹을 것, 놀 것, 배울 것, 쉴 것을 제공했다. 한국 기독교 초기의 주일학교는 본래의 뜻을 잘 계승했다.

문제는 시간이 지나면서 변질되었다는 것이다. 이름부터가 벌써 '학교'다. 우리나라의 가난한 시절에 '학교'는 아이들이 가고 싶은 곳 1위였다. 학교에 다니지 못하는 가난한 아이들은 학교에 다니는 아이들을 부러워했다. 지금은 반대다. 아이들이 가고 싶지 않은 곳 1위가 학교다.

2006년 나는 '더아모의 집'을 하면서 마을 아이들과 함께 '아이들이 만들어가는 학교'를 구상했다. 커리큘럼도 아이들이 스스로 짜고, 프로그램과 일정 등도 아이들이 직접 짰다. 문제는 이름이었다. 내가 아이들에게 제시한 이름은 '더아모 학교' 또는 '아이들 스스로 학교'였다. 아이들은 완강하게 거부했다. "여기서 말하는 학교는 평소 너희들이 다니는 학교가 아니다, 새로운 개념의 자유스러운 학교다"라고 말해 봐야 아이들에겐 소귀에 경 읽기였다. 죽어도 학교는 싫단다. 학교란 글자만 봐도 경기를 일으킨단다. 결국 '학교'란 글자는 빠졌다.

이게 학교에 대한 요즘 아이들의 보편적 심성이다. 거기다가 아이들은 학교 공부의 연장인 학원에서까지 시달리고 있다. 학교 공부와 학원에 대한 아이들의 처절한 심정을 소개하는 한 초등학생의 일기를 만나보자.

"오늘도 공부 말고는 한 일이 없다. 운동장에서 노는 꼬맹이들이 부럽다. 오후 수업을 마치고 학원엘 갔다. 중학교 공부는 중학교에서 해도 되는데…. 입시학원에서 미리 배우고 있다. 재미없다. 외국어학원에서는 쪽지시험을 쳤다. 만점 받았다고 놀리는 친구가 짜증났다. 수학학원이 제일 싫다. 틀린 문제 다 풀 때까지 붙잡혔다. 미치겠다. 학원 끊고 싶다."(A초교 6학년 김모군의 일기, 대구 《팔공신문》 2008.4.14.)

한국 땅에서 이런 이야기들을 모으면 태산을 이룬다. 이런 아이들에게 주일에 또 학교라니. 아이들이 '학교'란 말만 들어도 '학'을 떼는 심정을 어른들은 모른단 말인가.

주일은 '쉬는 날'이라면서도 못 쉬게 하는 교회학교

교회학교에서는 주일을 안식하는 날이라고 가르친다. 쉬는 날이란 뜻이다.

주일을 안식일이라고 가르치는 데는 유대교의 영향을 받아서다. 1세기의 기독교는 풍전등화였다. 소수 세력이자 신생이었던 기독교에 대한 박해는 극심했다. 유대교로부터도 배척을 받았고, 로마로부터도 배척을 받았다. 이런 상황에서 기독교는 자신의 기반을 유대교에 둘 수밖에 없었다. 실제로 예수의 직계 제자들은 모두 유대교인이었다. 유대교에서 생명처럼 여기는 '안식일 준수'를 무시할 수 없었다. 그들의 오랜 습관대로 안식일에 모여 예배를 하고 예수를 기렸다.

안식일이 쉬는 날이라고 하는 것은 창조신화로부터 유래되었다. 신이 6일 동안 창조를 하고 마지막 날인 제7일에 안식을 했다는 이야기다. 신이 쉬었으니 우리도 쉰다는 의미다.

유대인들은 '안식일 준수'에 철저하다. 안식일에 일하지 말라는 것은 기본이고, 몇 리 이상을 걸으면 안 되고, 의료행위를 해서도 안 되고…. 이런 조항을 세분화해서 준수한 것을 율법이라고 한다. 율법, 특히 안식일을 범하는 자는 유대인으로부터 제명이 되곤 했다.

이런 안식일 문화를 살린 기독교는 일요일을 주일(주님의 날)이라고 불렀다. 당시 로마에서 태양신을 예배하던 날이 일요일이었다. 그래서 이름도 '태양의 날'(Sunday)이다.

하여튼 주님의 날은 주님 안에서 쉬는 날이란 의미다. 그날엔 일체의 직업, 의료, 교육 등의 행위를 멈추고 주님 안에서 온전한 쉼을 누리자는 결의가 담겨 있다.

하지만 '쉬는 날'에 아이들을 불러서 못 쉬게 만들고, 가르치는 교사들도 못 쉬게 만드는 줄 알고 있을까. 차라리 '일요일은 쉬는 날'이라고 가르치지나 말면 다행일 텐데.

사실 주일에 교회에 가는 아이들은 쉴 곳도 갈 곳도 없다. '놀토'에는 체험학습이다 뭐다 해서 쉴 수도 없다. 아이들에겐 일주일 중 유일하게 제대로 쉴 수 있는 날이 일요일이다. 그들은 모처럼 늦잠도 자고 싶고, 텔레비전도 보고 싶다. 하지만 주일학교는 아침 9시에 시작한다. 아이들은 아침을 먹는 둥 마는 둥 허겁지겁 교회로 가야 한다. 평일에 학교 가는 시간보다 30분 늦게 집을 나설 뿐이다.

그렇게 교회학교에 가면 학교에서 했던 것처럼 똑같은 방식의 교육을 받는다. 교회학교가 끝나고 나면 부모들이 이어서 예배를 드린다. 아이들은 어디로 가야 할까. 집으로 가고 싶지만 대형교회에 다니는 아이들은 집이 멀다. 오후에는 교회학교가 또 있다. 교회마다 달라서 오후 교회학교가 없는 곳도 있다. 어쨌든 교회 주변을 어슬렁거리다가 부모와 함께 교회에서 점심이라도 얻어먹으면 다행이다. 그러지 못하는 아이들은 유목민처럼 떠돈다.

일주일 내내 학교에 다녔는데, 일요일에 또 학교를 가는 아이들. 평일 학교는 급식이라도 제대로 줬는데, 일요일은 식사조차 제대로 못한다. 교회에 보내는 당신의 아이들에게 당장 물어보라. "교회학교에 가기 싫냐?"고. 당장 가고 싶지 않다는 말이 나올 것이다. 일요일만이라도 아이들을 좀 쉬게 해주면 안 될까.

6. 교회는 죄인 양성소다

교회가 가르치는 인간은 중국 순자의 성악설과 가깝다. 사실 교회 입장에선 세상 사람들 모두가 죄인이어야 한다. 의인이면 큰일 난다. 만일 사람들이 죄가 없다고 믿으면 큰일 난다. 죄가 없어도 있다고 고백해야 한다. 그래야 교회가 유지되기 때문이다.

교회에서 모든 사람들을 죄인이라고 가르치는 것은 한마디로

'원죄교리' 때문이다. 이 교리의 창시자는 아우구스티누스다. 그는 로마제국 말기에 청년시절을 보내며 방탕한 생활을 했다. 어머니 모니카의 기도와 사랑 덕분에 교회로 돌아간 후 《고백록》이라는 책을 썼다. 그는 당대 최고의 학문을 배웠기에 기독교 신학의 대부로 자리 잡았다.

그는 젊은 시절에 방탕했던 자신의 모습을 회상하며 '원죄교리'를 창조해냈다. 원죄교리의 소스는 '최초의 인간'이라 불리는 아담과 이브의 이야기다. 원죄교리에 의하면 아담이 범한 죄는 아담의 것이 된다. 하지만 그가 죄를 지음으로써 모든 인간에게 죄를 지으려는 성향이 생겨났다. 아울러 죄인이라는 성질이 유전되어 인간 영혼 깊숙이 박혔다. 아담 이후의 인간은 모두 죄인이라는 '주홍글씨'에서 자유로울 수 없다는 것이 원죄교리의 가르침이다.

사실은 이 원죄교리는 아우구스티누스 이전에는 제대로 없었다. 아담의 행위가 신에 대한 반역 행위였다는 것을 공감하는 정도였다. 《구약성서》의 원래 주인인 유대교인들에게 원죄교리를 설명하면 콧방귀를 낄게 분명하다. 그것은 예수의 십자가 구원설을 정당화하기 위해 교회에서 고안해낸 발명품이다.

이 세상 모든 사람들이 죄인이 된 것은 실상 아우구스티누스 덕분이다. 그 이전엔 세상 모든 사람들이 죄인은 아니었다.

원죄교리는 교회를 지탱하는 원천

아우구스티누스는 이 세상이 신의 이데아와 그 의지에 의해 창조된 것으로 보았다. 하지만 아담의 범죄로 인해 사람에게는 '원죄'가 이르렀다. 인간은 그때부터 근본 출생이 '죄인'이 되었다. 이 죄인은 스스로의 힘으로 자신을 구원할 수 없게 되었다. '구제불능'의 인간은 신의 은총에 의해서만 구원이 가능했다. 그 구원의 대상은 신의 예정에 의한 것(예정설)이며, 이 구원의 은총은 오로지 교회만이 매개할 수 있다고 주장했다.

이런 신학은 결국 '교회 외엔 구원은 없다'는 사상으로 꽃을 피워냈다. 아우구스티누스는 그의 만년에 《신국론》(413~426년)을 썼다. 여기서 그는 인간의 존재를 양면적인 존재, 즉 지상적인 존재와 천상적인 존재가 함께 있다고 주장했다. 이런 인간을 천상적인 존재로 구원해가는 신의 구원 역사가 인류의 역사라고 보았다. 신의 구원 역사는 교회라는 공동체의 확립을 통하여 이루어지며, 나아가서 영원한 기독교 공화국인 '신의 나라'가 최종적으로 실현된다고 밝혔다. 이 교리는 '성과 속', '죄인과 의인'을 구분하는 기독교 정신의 근간이 되었다.

이러한 아우구스티누스의 교리는 그가 의도했던 하지 않았던 당시 교회의 권력을 천상에 올려놓았다. 교회가 죄를 사해주는 권한을 가지고 있다는 것은 절대 권력이었다. 교회 외에는 신으로 갈 수 있는 방법이 없다는 메커니즘은 교회를 신으로 숭배하게 만들었다.

이런 이론적 뒷받침으로 인해 중세시대는 교회의 황금기를 맞이했다. 반면 '마녀사냥과 종교재판'이라는 악랄한 역사도 기술했다. 이 모든 것이 원죄교리가 없었다면 불가능한 일이었다. 모든 사람들이 '죄인'이었기에 가능했던 것이다.

사실 종교가 강조되는 사회엔 죄인이 많이 배출되기 마련이다. 신약성서에서 예수가 함께 먹고 마셨다는 죄인들이 그 대표적인 예다. 죄인이란 말만 듣고 무슨 흉악한 범죄자라고 생각해선 안 된다. 유대교 율법에는 종교인으로서의 의무가 명시되어 있다. 유대교인 누구라도 1년에 한 번은 염소나 양을 희생 제물로 신전에 바쳐야 했다. 성전에 종교세를 내야 했고, 수시로 헌금을 해야 했다. 하지만 이런 종교적 의무를 감당하기에 서민들은 너무나 가난했다. 로마로부터 수탈을 당하고, 종교지도자와 이스라엘 관리로부터 수탈을 당했다. 결국 그들은 종교적 의무를 다하지 못한 '죄인'으로 전락하고 말았다. 이 '죄인'들의 정확한 표현은 '아웃캐스트'다. 소외된 자, 버림받은 자라는 의미다. 예수가 즐겨 만났던 '죄인'들은 바로 그들이었다.

죄인을 만드는 교회의 목적

이런 현상은 오늘날의 교회에서도 마찬가지다. 교회에서 부과하는 각종 헌금, 교인으로서 교회에 충성해야 할 각종 의무, 즉 주일을 반드시 지켜야 하는 의무, 술과 담배를 하지 말아야 할 의무 등등은 교인들의 어깨를 짓누른다. 이 모든 것을 완벽하게 소화한다는 것은 어차피 불가능한 일이다. 그러니 교인들은 자연스레 죄인이 될 수밖에 없다.

이런 교인들의 기도 첫 소절은 언제나 비슷하다. "나 같이 연약하고 무능한 죄인을…"이라고 시작한다. 신의 은총을 강조하기 위해 교회가 고안해낸 기도의 모범답안이다. 그것은 은근슬쩍 교회의 은총을 강조하는 완곡한 표현이다. 교회에 더 헌금하고 더 봉사하라는 압력이다.

'예수천국, 불신지옥.'

이런 문구를 들고 거리에서 노방전도를 하는 사람들은 거리에서 대놓고 이렇게 말하는 것과 같다.

"당신들은 구제불능의 죄인들이야. 당신들은 예수 아니면 지옥 갈 인간들이야. 좋은 말 할 때 예수 믿어. 좋은 말 할 때 교회에 나가란 말이야. 내 말 안 듣는 이 불쌍한 인간들아. 지옥으로 가는 이 죄인들아."

사실 이러한 노방전도를 하는 당사자는 적어도 원죄교리를 진심으로 믿는 사람이다. 교회의 가르침을 곧이곧대로 받아들인 충성스러운 사람이다. 그들은 적어도 사람들이 지옥 갈 것을 염려하는 마음으로 노방전도를 한다.

　하지만 보편적인 교인들과 목사들이 악착같이 전도하는 속내는 다르다. 사람들을 진심으로 불쌍하게 생각해서(적어도 교회의 교리에 충실했다면) 그렇게 행동하는 교인들은 없다. 어떡하든 교회에 손님을 많이 유치하려는 일종의 영업행위인 것이다. 그렇지 않고서야 어떻게 다른 종교인은 물론이고 다른 교회에 다니는 사람들을 빼앗아오는 행위를 할 수 있단 말인가.

　이래저래 교회는 멀쩡한 사람을 죄인으로 만드는 죄인 양성소가 되어 가고 있다. 이런 죄인 양성소에 이성적 판단이 미약한 당신의 아이를 보내야 하겠는가. 당신의 아이를 굳이 '죄인'으로 만들어야 속이 시원하겠는가.

7. 남을 배척하는 꼴통이 되도 좋은가

　상식적 수준에서 볼 때, 다른 것은 틀린 것이 아니다. 하지만 교회에만 가면 다른 것은 틀린 것일 뿐만 아니라 죄악이 된다. 다른 것은 아예 길이 아니다. 다른 것은 물리쳐야 할 사탄의 길이다. 교회의 가르침을 오랫동안 받은 사람일수록 이 사상은 확고부동하다.

'죄론, 구원론, 교회론' 등 이 세 교리가 기독교리라는 신전을 떠받치는 핵심 세 기둥이다. 이 세 교리는 다른 어떤 종교에는 없는 오직 기독교만의 독특한 교리다.

먼저 '죄론'부터 살펴보자. 인간은 원래 하나님의 형상으로 창조된 선한 인간이었다. 아담의 단 한 번의 불순종으로 인해 인간은 타락했고, 낙원에서 추방당했다. 인간은 모두 타고나면서 죄인이란 낙인이 찍혔고, 그 누구도 피해갈 수 없다.

구원론은 이 문제를 해결해 준다. 인간은 모두 자기 스스로를 구원할 수 없다. 신의 아들 예수가 사람으로 태어나 십자가에 못 박혀 죽었다. 예수가 십자가에 죽음으로써 죄 사함의 역사가 시작되었다. 죄를 회개하고 예수를 믿음으로써만 구원의 길이 열렸다.

교회는 구원 받은 백성의 '노아 홍수의 방주' 역할을 하는 곳이다. 신으로부터 택함 받은 동물들이 노아의 방주에 들어갔듯이 말이다. 교회는 신의 은총을 대리하는 곳이며, 신의 은총의 매개기관이며, 신의 명령을 수행하는 기관이다. 한마디로 이 땅에 있는 '신의 나라'다. 결론적으로 교회만이 신의 구원을 이루는 유일한 곳이 된다. 그 안의 사람들은 택함 받은 선민들이 된다.

배타성의 '지존'인 성서의 구절

"예수께서 가라사대 내가 곧 길이요 진리요 생명이니 나로 말미암지 않고는 아버지께로 올 자가 없느니라."(요한복음 14장 6절)

기독교인들이 '예수만이 길'이라고 주장하는 대표적 성서 구절이다. 교회는 예나 지금이나 이 구절이 최대의 자부심이 된다.

요한복음 14장에서 예수가 이렇게 말한 배경이 나온다. 십자가에 못 박혀 죽은 스승 예수를 버리고 제자들은 숨어 있었다. 두려움에 떨고 있던 그들 앞에 부활한 예수가 나타났다. 부활한 예수를 만나자 제자들은 저마다 어찌해야 할지 모르겠다는 어리광을 피웠다. 이때 도마라는 제자도 물었다.

"주여 주께서 어디로 가시는지 우리가 알지 못하거늘 그 길을 어찌 알겠사옵나이까?"(요한복음 14장 5절)

이렇게 물어오는 제자에게 예수가 한 말이 요한복음 14장 6절의 구절이다. 그 상황에서 예수가 뭐라고 해야 적절했을까. 당시 로마제국 아래의 세상이 전부인줄 아는 제자들에게 구구절절 변명하듯 말해주어야 옳았을까. 지금 두려움에 떨고 있는 제자들에게 말이다.

"내가 곧 길이요 진리요 생명이긴 하지만, 다른 사람에게도 다른 종교에게도 길이 있긴 하다. 너희들이 세상을 다 몰라서 그렇다.

하지만 너희들은 나의 제자이니 내가 가르쳐준 나의 길을 오너라. 그것이 아무래도 너희들이 배웠던 것이라 안전하지 않겠니?'라고 해야 했을까.

예수를 따라가는 사람들에겐 요한복음 14장 6절의 말은 진리일 수 있다. 하지만 부처를 따라가는 사람들에겐 '예수'대신 '부처'라는 말을 대입하면 된다. 다른 어떤 종교도, 다른 어떤 길도 마찬가지다. 그럼에도 교회는 그 구절 하나를 인류의 모든 인간에게 적용한다.

또 하나의 성서구절이 있다.

"다른 이로서는 구원을 받을 수 없나니 천하 사람 중에 구원을 받을 만한 다른 이름을 우리에게 주신 일이 없음이라 하였더라."
(사도행전 4장 12절)

이 구절은 예수의 직계제자 베드로가 유대교 지도자들과 유대인들 앞에서 행한 설교 중 한 대목이다. 자신의 스승 예수가 그들에 의해서 죽임을 당했다. 그들 앞에서 예수를 변론한다는 것은 죽음을 각오한 일이다. 그런 그가 설교를 대충했을까.

"너희들이 죽인 예수님은 실상 너희들이 섬기는 바로 그 하나님의 아들이었어. 하나님은 이 세상에 예수님 외에 구원받을 만한 이름을 주신 적이 없다고 나는 믿어. 너희들은 똥인지 된장인지도 모르고 예수님을 죽여 버렸어. 지금이라도 늦지 않았어. 그것을 회개하고 나의 스승 예수님의 길을 따르기를 바래"라고 풀어서 이야기할 순 없지 않은가.

그럼에도 교회는 그 구절 하나를 인류 보편의 진리라고 가르치고 있다.

교회 역사는 독재자의 길

종교를 뜻하는 프랑스어 'religion'은 1085년에 처음 등장했다. 그 이전에는 종교하면 당연히 기독교였다. 중세시대에는 다른 종교가 설 자리는 없었다.

교회가 절대강자의 길을 가기위해 주력했던 것이 바로 '성서의 정경화'와 '교리의 확립'이었다.

교회는 당시에 흩어져 있던 수많은 성경들을 한 군데로 모았다. 마치 힘을 한 곳으로 집중 하듯. 구약성서는 기원후 70년 유대교가 공인한 39권을 교회가 공인했다. 신약성서는 397년 카르타고 공의회에서 지금의 29권을 정경으로 공인했다. 신구약성서는 사실 1546년 트렌드 회의에 가서야 완전히 개신교회가 공인했다. 이 과정에서 교회가 공인하지 않은 성서를 인정하던 수많은 사람들이 죽임과 배척을 당했다. 선착순에서 밀려난 그들이었다.

교리 또한 다르지 않다. 그 중 아다나시우스와 아리우스의 한판

대결은 그러한 현상을 잘 드러내준다.

아다나시우스는 AD 328년에 알렉산드리아 교회의 감독이 되었다. 그가 아리우스와 한판 붙게 된 신학 논쟁이 바로 '삼위일체 논쟁'이었다. 당시의 알렉산드리아 교회 감독은 중앙의 교회권력을 대변하고 있었다. 아리우스는 단지 아다나시우스와 신학적 논쟁을 하는 존재가 아니었다. 교회권력을 흔드는 반역자로 간주되었다.

더군다나 삼위일체 교리는 로마를 중심으로 한 서방교회의 대신학자 터툴리안이 확립한 교리였다. 예수는 하나님의 아들이며, 그가 곧 하나님이라는 교리였다. 반면 동방교회는 예수의 존재를 하나님보다 조금 못한 존재, 또는 인간과 같이 나약한 존재라고 규정하고 있었다.

이런 상황에서 서방교회는 동방교회를 이겨야만 했다. 이런 양대 산맥의 대립 사이에서 아리우스는 희생 제물이 되었다. 이른바 정치적 희생양이 된 것이다. 예수가 곧 하나님이라고 주장하는 삼위일체는 교회가 곧 하나님이라는 정서를 강화시켜주기에 딱 좋았다.

교회의 역사는 사실 수많은 이단과의 전쟁의 역사였다. 수많은 이단들을 잘라내는 역사였다. 물론 교회의 입장에서 본다면 교회의 순수성을 지키려는 몸부림이었을 것이다. 하지만 교회 바깥에서 보면 다른 길을 모두 배제시키는 독재자의 길이었다.

마녀사냥과 종교재판의 역사, 서양 열강들의 식민지 침략 역사, 영국 청교도들의 미국 개척 역사 등이 교회의 성향을 잘 드러내주었다.

기존의 기독교 교리에 충실한 사람에게는 다른 길이 인정될 수 없다. 인정하는 순간 그는 이미 '교회 맨'이 아니다. 당신의 아이도 교회에서 배우면 '배타성의 지존'은 따 놓은 당상이다.

8. 경쟁력에서도 뒤처진다

미국 풀러 신학교의 기독교 사전에는 '한국형 기도'란 낱말이 등재되어 있다. 이른바 '주여 삼창 기도'다. 기도를 시작하기 전에 '주여! 주여! 주여'라고 크게 부르고 난 후 하는 통성기도를 말한다. 한국교회가 만들어 미국에 수출한 기도 스타일이다.

미국 풀러 신학교에서는 채플 시간에 진기한 풍경이 이루어진다. 기도 인도자가 말한다.

"Let's go together 'Korean' pray."(한국형 기도를 시작합시다.)

"주여! 주여! 주여! Oh my lord…"

보았는가. 주여 삼창은 한국말로 하고 나머지 기도는 영어로 하는 것을.

반면에 러시아에서 기독교 생활을 하다가 한국인으로 귀화한 박노자 교수는 한국교회의 기도 모습을 보고 적잖이 놀랐다고 고백했다. 통성기도뿐만 아니라 소위 대표기도도 마찬가지였다. 그는 "내가 배운 기도는 하나님과 일 대 일로 만나 인격적인 대화를 하는 것이다. 그것은 은밀한 행위다. 한국교인들처럼 드러내놓고 대표기도를 하는 것은 내게 있어서 발가벗고 다니는 것과 같다"며 자신의 심정을 고백했다.

기독교라도 이렇게 서로가 다르다. 그것은 자신이 속한 사회의 영향을 받아서다. 하지만 교회는 이 다름을 수용할 그릇을 만들어 주지 않는다.

의심이 없는 곳에 창조성도 없다

21세기에 적합한 '경쟁력 있는 인간'은 어떤 스타일일까. 다양한 대답이 나오겠지만, '다양성을 수용할 수 있는 인간, 변화에 대해 적응력이 뛰어난 인간, 창조적이고 진취적인 인간'이라는 데 이의를 제기할 사람은 없다.

반면에 교회만큼 변화를 싫어하는 곳이 있을까. 313년 로마의 국교로 공인된 이후 도입된 교회의 예배 형식은 지금도 고수되고 있다. 1517년 소위 종교개혁 이후 만들어진 개신교회 예배 스타일은 지금도 변함이 없다. 아무리 유별나게 형식을 파괴했다고 해도 오십보백보요, 그 나물에 그 밥이다.

현대의 한국교회들은 이것에서 벗어나기 위해 예배 시간에 영화를 상영하고, 오케스트라를 도입하고, 신나는 찬양을 한다. 교인들은 거기서 만족하지 못한다. 더 강하고 색다른 것을 요구한다. 바꾸다 지친 일부 교회들은 '구관이 명관'이라며 옛것을 회복하자는 운동까지 벌인다.

사실 이러한 현상은 교회의 태생적 한계이기에 교회가 있는 한 벗어날 수 없다. 교회의 태생적 한계란 다름 아닌 '교회 중심의 세상을 구현하는 세계관' 때문이다. 예수를 전면에 내세워 교인들을 확보하여 세상 권력의 중심에 교회를 우뚝 세우는 것이 교회의 목표였다.

이것은 곧 바로 예배 스타일로 나타난다. 교회의 모든 사람들이 목사 또는 예배 진행자 한 사람의 쇼를 지켜보아야 하는 이유다. 모든 진행은 목사의 권한이다. 이를 건드린다는 것은 교회에 대한 도전이요, 나아가서 신에 대한 도전으로 낙인찍힌다. 변화를 한다는 것은 권력을 내어 놓으라는 소리와 같다.

창조적인 인간이란 어떤 인간일까. 바로 의심할 수 있는 인간이다. 모든 것을 당연하게 받아들일 때 새로운 창조는 없다. 이 세상의 모든 새로운 발명과 발견은 의심으로부터 시작되었다. 하늘이 돈다는 걸 의심한 갈릴레이로 인해 지구가 돈다는 것이 증명됐다. '사과가 왜 떨어질까'를 의심했던 뉴턴으로 인해 만유인력이 세상에 나왔다.

하지만 교회는 항상 '의심'을 최대의 적으로 간주한다. 아담이 죄를 짓고, 인류에게 '원죄'라는 불행을 갖다 준 시발점이 바로 '의심'이라고 보기 때문이다. 그것도 그의 아내 이브가 문제였다. 남자들은 항상 '여자가 문제야'를 남발하게 되었다.

교회에서 의심은 곧 반역을 의미한다. 의심은 곧 타락을 의미한다. 의심은 곧 죽음을 의미한다. 의심은 곧 사탄을 의미한다. 의심은 곧 지옥을 의미한다. 이런 교회의 메커니즘 속에서 용감하게 의심의 문화를 만들어낼 교인이 몇 명이나 되겠는가. 더군다나 아이들이라면 두 말 할 수 있으랴.

알코올 중독과 종교 중독

이런 현상을 좀 더 근본적이고 심리적인 입장으로 접근해보자.

어렸을 적부터 교회를 다닌다는 것은 하나의 세계관에 매몰되는 것이다. 그것은 다른 말로 중독이라고 하고, 다른 말로 '의존증'이라고 한다. '알코올 의존증'을 말할 때와 같이 '교회 의존증, 기독교 의존증'이라 할 수 있다.

이것은 '고착화'란 심리적 용어로도 설명이 가능하다. 고착이란 '특정한 대상이나 생각에 집착하여 벗어나지 못하는 상태'를 말한다. 이것을 우리는 집착이란 말로도 표현한다. 아기가 커서도 엄마의 젖에 집착한다면 우리는 정신과 상담을 받아보라고 권한다. 고착화란 그런 것이다.

고착화는 '이전의 발달 단계에서 적절했던 대상이나 생각이, 발달이 진행되어 다른 생각이나 행동이 요구되는 데에도 그 이전의 상태에 머무르는 현상'을 말한다. 세상이 변화를 요구해도 죽어도 변하지 않겠다는 상태를 말하는 것이다.

교인들은 세상이 아무리 변해도 변하지 않는, 아니 변하지 말아야 할 그 무엇이 있다고 소리 높인다. 이렇게 소리를 높이는 데는 다 이유가 있다. 행여나 그들의 선민의식이 침범당할까 두려운 것이다. 일종의 콤플렉스다. 선민의식에서 오는 우월감은 사실 열등감의 다른 이름이다.

열등감이 적은 인간일수록 남의 것을 잘 받아들인다. 소위 '개방형 인간'이다. 그들은 변화에도 잘 적응한다. 창의적이다. 도전적이다. 열등감에 사로잡힌 사람은 도저히 흉내 낼 수 없는 길이다.

이 세상에 지금과 같은 교회가 있는 한 교회의 그런 콤플렉스는 극복되지 않을 것이다. 당신의 아이도 그 콤플렉스에서 헤어 나오지 못할 지도 모른다. 내 아이가 창의성과 자기주도성을 지닌 경쟁력 있는 사람으로 성장하길 원하는가. 그렇다면 교회에서부터 벗어나라. 교회를 보내는 것은 아이의 경쟁력을 갉아먹는 최악의 선택이다.

9. 세뇌, 남의 이야기가 아니다

교회가 아이들을 세뇌시킨다고 하니까 무슨 교회가 공산당이냐고 반문할지도 모르겠다. 하지만 교회야말로 세뇌가 아니면 지탱할 수 없는 곳이다.

1994년 7월 8일에 북한의 김일성 주석이 사망했다. 북한 방송에서 방영된 장면 하나가 아직도 눈에 선하다. 김일성 동상 앞에 헌화하는 북한 주민들은 가슴을 치며 통곡했다. 남한 사람들은 그것이 세뇌의 결과이며, 거짓으로 꾸미는 것이라고 했다. 하지만 나의 의문은 가시지 않았다. 정말 그럴까.

후에 막노동 현장에서 조선족 사람을 만났다. 그는 북한을 몰래 들어갔다 나온 사람이었다. 그에 의하면 북한 방송에 방영된 문제의 장면은 연출된 것이 아니며, 그들의 진심이라고 말해주었다. 실제로 북한 사람들은 김일성을 마음속의 영웅으로 섬기고 있다는 것이다.

세뇌란 단어를 사전에서 찾아보았다. '사람이 본디 가지고 있던 의식을 다른 방향으로 바꾸게 하거나, 특정한 사상·주의를 따르도록 뇌리에 주입하는 일'이라고 되어 있다. 특정한 사상과 주의를 따르도록 뇌리에 주입하는 일이 세뇌작업이다.

세뇌는 본인의 의사와 상관없이, 또는 저항하더라도 강제력을 행사하는 것이 기본이다. 과거 우리 사회에서 공산당이 그 방법을 많이 사용했기에 사람들의 머리엔 '세뇌=공산당'이란 등식이 박혀 있다. 사실 그것도 우리나라 정부에서 국민들에게 세뇌한 결과임을 알아야 하겠지만 말이다.

세뇌는 다른 말로 사상개조나 재교육이라고도 한다. 정치적·종교적인 목적을 위해 신체적·사회적 조건들을 통제함으로써 개인과 집단의 믿음이나 행동을 바꾸는 강제적인 수단으로 통칭된다.

교회의 마케팅 전략, 세뇌

세뇌 당하는 것은 북한 사람들만의 이야기가 아니다. 또 특별한 사람들만의 이야기가 아니다. 실은 우리 주변에서 무수히 숨 쉬고 있는 일이기도 하다.

텔레비전 광고 등도 일종의 세뇌 법칙을 적용한 것이다. 고도의 마케팅 전략이다. 사람들은 텔레비전을 통해 반복해서 그 상품을 접하게 된다. 그 효과는 음성보다 움직이는 영상이 더 탁월하다. 이것이 라디오 광고보다 텔레비전 광고가 훨씬 비싼 이유다. 사람들은 자주 들은 것, 본 것, 익숙한 것에 저절로 손이 간다. 마음도 간다. 기업이 살아남으려면 광고는 절대적이다. 그런 의미에서 우리들은 무수한 세뇌 작용에 무방비로 노출되어 있다.

이러한 세뇌 작용은 당장 보기에 강압적이지 않다는 것이 특징이다. 오히려 달콤하기까지 하다. 그것은 사람들의 태도와 기호 변화를 유도하기 위해 사용된다. 각종 조작, 선전, 중립적인 정보에 대한 접근 제한 등이 이에 속한다.

실제로 광고주는 상업적 목적으로, 학교는 교육적 목적으로, 권력자는 정치적 목적으로 이를 이용한다. 이 세뇌의 특징은 세뇌 당하는 자도 모르게 야금야금 세뇌시킨다는 것이다.

물론 세뇌가 다 나쁜 것만은 아니다. 세뇌가 좀 더 좋은 방향으로 작용하는 것도 있다. 마음 수련, 명상, 요가, 자기 계발 세미나, 단전호흡 등이다.

그런데, 세뇌 자체가 나쁜 것이 아니고 세뇌의 내용이 문제라면 기독교의 세뇌가 뭐가 문제란 말인가.

이 의문을 풀어보기 위해 일본의 뇌기능 학자 도마베치 히데토의 대표작 《세뇌의 법칙》(진경시대 펴냄, 2003년)을 만나보자.

이 책은 이 세상에는 세뇌를 당하고 싶어 하는 사람들이 존재한다고 강조한다. 그들은 자유에 따른 책임을 감당할 수 없는 사람들이다. 그러한 현상은 사회가 불안할 때 특히 가중된다. 이 때 등장하는 것이 '초인'이며 '슈퍼맨'이다. 이 슈퍼맨은 그들의 자유를 저당 잡아 유토피아로 인도하게 된다. 모든 종교가 세상에 건재한 이유다.

그 슈퍼맨은 우리 무의식에 존재하는 마음의 심연을 다루는 기술이 뛰어난 사람들이다. 그들을 우리는 '성인'이라 부른다. 이러한 경지에 이른 성인들은 마음을 조절할 수 있다. 하지만 평범한 사람들은 마음을 조절하지 못하고, 누군가 조정해주기를 바란다.

우리의 자유를 저당 잡히는 일이 바로 종교에 귀의하는 길이라 하지 않는가. 그것은 곧 권력에 귀의하는 현상과 동일하다.

어렸을 적 세뇌가 평생 간다

그런 의미에서 교회에 가는 것은 우리 자신의 자유를 저당 잡아 교회 권력에 힘을 실어주는 행위라 하겠다. 더 비참하게 표현하면 교회 권력의 도구가 되는 행위다.

교회가 죽을 힘을 다해 전도하는 이유가 바로 여기에 있다. 교회의 힘은 바로 '교인들의 머리 수'이기 때문이다. 순복음교회 조용기 목사의 한마디가 한국 사회에 먹히는 이유가 바로 여기에 있다. 금란교회 김홍도 목사가 공금 횡령을 하고 각종 비리를 저질러도 여전히 교회에서 큰소리 칠 수 있는 것은 수많은 교인들이 그를 따르기 때문이다. 그 목사들의 행태보다 그러한 행태가 가능한 한국교회의 구조가 더 문제인 것이다.

이러한 문제의 시발점이 바로 세뇌라는 걸 교인들은 알까. 이러한 세뇌는 어렸을 적부터 교회에 다닌 사람일수록 더 골수에 박힌다는 것을 알까.

심리학자 휴 미실다인은 그의 책《몸에 밴 어린 시절》(가톨릭출판사 펴냄, 2006년)에서 우리의 어린 시절을 돌아보게 한다.

그는 이 책에서 '내재과거아'란 개념을 사용하고 있다. 사람들에겐 모두 내재과거아가 있다. 내재과거아를 탈피한 사람은 아무도 없다. 혹은 나이가 들어 그 시절의 의미가 없게 되어버린 사람은 아무도 없다.

이 내재과거아란 어렸을 적 부모로부터 영향 받은 '부모의 태도'가 자신의 몸에 배어 있는 자아를 말한다. 예컨대 세상 모든 부부는 네 사람이 같이 산다. 각각 현재의 자신인 두 존재와 각각 내재과거아인 두 존재를 말한다. 부부가 서로 맞춰 살기 힘든 이유가 여기에 있다. 이 내재과거아는 한 사람의 평생을 함께 하며 따라다닌다. 별일이 없는 한 자신의 자녀에게 대물림 된다.

어렸을 적부터 교회에 다닌 아이들은 교회가 만들어 준 내재과 거아를 가지고 평생을 살아가게 될지도 모른다. 결국 이 아이들은 교회의 세뇌를 평생 달고 다니는 아이가 될 게 분명하다.

10. 교회, 곧 사라질 운명이다

"한국의 교회가 20년 후면 거의 문을 닫게 될 것이다."

이런 말을 하면 정신 나갔다고 할지도 모르겠다. 밤에 서울의 거리를 한 번 나가보지 않은 미치광이가 하는 말이라 여길 것이다. 거리에 얼마나 빨간 십자가가 많은지 세어 보지 않은 사람의 근거 없는 주장이라 말할 것이다. 하지만 이 말은 안타깝게도 실현될 가능성이 높다.

현실 교회를 지탱하는 힘이 뭐라고 생각하는가. 그 두 기둥이 바로 '주일 성수'와 '십일조 헌금'이다. 더 까놓고 이야기하면 '돈'이다. 교인들의 머릿수는 곧 돈으로 연결 된다.

현실 교회를 지탱하는 힘은 '돈'

2009년 6월 21일자 중앙일보에 실린 "교회헌금, 사회봉사비 4% 불과"란 기사가 이를 잘 말해준다. 이에 따르면 우리나라 성인 개신교인의 총수를 약 500만 명으로 잡을 때 1년 교회재정(헌금액수)은 2조 5500억 원으로 추정할 수 있다는 조사결과가 나왔다.

교회 규모별 수입재정도 밝히고 있다. 100명 이하의 소형교회는 연간 2900만 원, 중소형 교회(교인수 100~300명)는 8800만원, 중형교회(교인수 300~700명)는 2억 3100만 원, 대형교회(교인수 700~1500명)는 4억 8300만 원, 초대형교회(교인수 1500명 이상)는 14억 8700만 원으로 나타났다. 어른 교인 1명이 내는 헌금 액수를 환산하면 연평균 50만 9000원을 교회에 헌금으로 낸다.

교회의 헌금을 그 종류별로 비율을 계산하면 십일조 헌금 53.1%, 감사 헌금 14.9%, 절기 헌금 8.4%, 주일 헌금 11.67%, 건축 헌금 4.41% 기타 헌금 7.84%로 나타났다. 헌금 중 십일조 헌금이 단연 큰 비중을 차지했다.

그 헌금이 사용되는 내역을 보면 이렇다. 교역자 급여 27.28%, 예배비 4.02%, 교육비 7.41%, 선교비 5.34%, 상조회비 2.75%, 관리비 12.70%, 운영비 13.33%, 건축비 13.16%, 기타 10.12%로 나타났다.

이를 종합해 보면 교회 안에서 교회를 유지하는 비용으로 헌금의 82.96%를 사용하는 것으로 나타났다. 교역자 급여가 27.28%로 단연 우세인 것도 눈여겨볼 만한 항목이다.

이런 객관적인 자료를 보더라도 교회는 교인들의 헌금으로 유지되고 있다. 특히나 목회자들은 교인들의 헌금으로 먹고 산다. 이런 교회 구조 속에서 목사가 목숨 걸고 설교하고, 목숨 걸고 전도한다는 심정이 어느 정도 이해가 간다.

만일 교인들이 어느 날 갑자기 교회를 나가지 않는다면 교회는 틀림없이 문을 닫아야 한다. 이러한 현상은 대형교회일수록 더 심각할 것이다. 큰 덩치의 교회일수록 교회 유지비와 목회자 인건비가 더 많이 지불되고 있으니까.

이때까지 교회는 장년층과 노년층에 의해 유지되었다. 그들은 어렵고 가난한 시절 교회로부터 혜택을 받고 자랐다. 정신적 위안과 물질적 도움을 어떤 식으로든 받았다. 그들은 교회에 충성하고 봉사할 충분한 계기를 가지고 있다. 그들은 다행히도 '주일 성수'와 '십일조 헌금'에 대해 철저한 교육을 받은 세대였다.

하지만 지금 세대의 젊은이들은 아니다. 2009년 미국의 《라이너 리서치》가 18~22세 사이의 젊은이들이 교회를 떠나는 비율이 거의 70%라고 보고했다. 29세가 되면 교회에 다니는 젊은이들 중 80% 정도가 더 이상 교회 예배나 활동에 관심을 갖지 않게 된다고 발표했다. 기독교 국가라 자부하는 미국의 현실이다.

우리나라도 마찬가지다. 《청년들이 교회를 떠나는 33가지 이유》(이상화 지음, 브니엘 펴냄, 2007년)라는 책을 현직 청년사역 목사가 펴냈다.

이 책에 의하면 우리나라 인구통계에서 20~30대가 전체 인구의 57% 정도를 차지한다. 따라서 1000명이 출석하는 교회에는 청년이 500명 이상 돼야 정상이다. 하지만 그런 교회는 거의 없다. 교회에 다니는 청년들의 비율은 10% 내외다. 이 비율도 가면 갈수록 적어질 것이다.

청년들이 교회를 떠나는 33가지 이유

우리가 교회 현실을 제대로 보고, 우리 자신을 돌아보기 위해서라도 앞의 책에서 말한 33가지 항목을 살펴보자. 체크리스트라 생각하고 자신과 자신의 자녀에게 적용시켜 보라.

1. 예수 믿는 사람들도 세상에서 고통당하는 것을 보면 교회에 갈 필요성을 별로 못 느낀다.
2. 성경 안에 서로 모순되는 듯한 말씀에 대해서 덮어놓고 믿으라니 답답해서 교회에 가기가 싫다.

3. 보이지도 않는 하나님을 믿으라고 하니 허무맹랑한 것 같아 교회에 갈 수가 없다.

4. 반드시 교회라는 특정한 장소에 나가서 예배드려야만 한다고 생각하지 않기 때문에 교회에 가지 않는다.

5. 교회에 가면 "하지 말라!"는 것이 너무 많고 경직된 분위기 때문에 숨쉬기가 곤란해서 가기 싫다.

6. 이성적으로 납득이 되지 않는 서로 충돌하는 교리들 때문에 혼돈이 생겨서 교회에 가기 싫다.

7. 딱 부러지지 않고 물에 물 탄 듯한 자기합리화의 색깔이 농후한 교리들을 받아들이기 어려워 교회에 가지 않는다.

8. 현실과 너무 동떨어진 설교 때문에 교회에 가지 않는다.

9. 구체적인 체험이 없어서 교회에 가지 않는다.

10. 사랑의 메신저라고 자처하는 교회가 다른 종교를 인정하지 않는 것 같아 교회에 가기가 싫다.

11. 내가 겪고 있는 현실적인 어려움을 당장 해결해 주는 곳이 아니기 때문에 교회에 가지 않는다.

12. 나름대로 모범적이고 진실한 삶을 살고 있다고 생각하기에 교회에 나갈 필요를 전혀 느끼지 않는다.

13. 죄를 너무 많이 지었고, 지금도 죄가 너무 큰 것 같아 교회에 가기가 어렵다.

14. 교회가 자기중심적인 것 같아 가기 싫다.
15. 성도들이 모였다고 하면서 서로 질투하고 싸우는 모습을 본 후 교회에 가지 않는다.
16. 헌금을 강요하는 듯한 인상이 많아 교회에 가기 싫다.
17. 교인들의 교회 안 행동과 교회 밖 행동이 너무 다르기 때문에 교회에 가기가 싫다.
18. 한 집 건너 교회당·교회가 너무 많아 어디를 가야 할지 분간이 서지 않아 교회에 가기 어렵다.
19. 화려한 교회에 비해 내 자신이 너무 초라해서 교회에 가기 싫다.
20. 우리 민족의 고유한 전통과 문화를 무시하는 듯하기 때문에 교회에 가지 않는다.
21. 전도 방법이 너무 혐오스러워 교회에 가기 싫다.
22. 목회자에 대해 신뢰감이 생기지 않아 교회에 가지 않는다.
23. 이단 사이비가 너무 많아 교회에 가기 싫다.
24. 교회의 전체적인 분위기와 내가 어울리지 않아 교회에 가기 어렵다.
25. 너무 따분하고 지루해서 교회에 가기 싫다.
26. 너무 바빠서 교회에 갈 수 없다.
27. 교파와 교단이 너무 많아 분열된 듯한 인상 때문에 교회에 가

기 싫다.
28. 적응하기 너무 어려워 교회에 가기 싫다.
29. 교회 조직이 너무 획일적인 것 같아 교회에 가기 싫다.
30. 개인적으로 의미 있는 모임을 발견하지 못해 교회에 가기 싫다.
31. 주일 출근이 많은 직장 때문에 교회에 가기 어렵다.
32. 인간관계가 부자연스러워 교회에 가기 어렵다.
33. 청년부 지도자들이 너무 자주 교체되어 지도자에 대한 신뢰감이 생기지 않아 교회에 가기 싫다.

조금만 가면 교회당 처리하는 문제가 우리 사회의 골칫거리로 부각할 것이다. 교회당 건물을 보면 활용도가 없다. 교회 예배당은 예배당만 하면 맞는 건물이다. 대형교회 예배당일수록 더욱 그렇다. 젊은이들이 '주일 성수'를 하지 않고, '십일조 헌금'을 등한시하고 있는 지금의 세태로 봐선 교회 폐쇄는 불을 보듯 뻔하다.

이러한 현상을 서양 사회에서는 이미 100년 전부터 치렀다. 교회 건물이 비고, 성당 건물이 비었다. 그러한 큰 건물들이 박물관으로 사용되고, 결혼 예식장으로 사용된다.

이대로라면 교회가 문을 닫는 현상이 20년 후보다 더 당겨질 수도 있겠다. 지금의 열혈 성인 교인들이 20년 안쪽으로 사망하거나 경제권을 잃어버릴 테니까.

　이처럼 아이들이 다음 세대의 주역이 될 때쯤이면 교회가 사라질 텐데도 당신의 아이를 굳이 교회 지킴이로 밀어 넣어야 하겠는가.

4
Chapter
교회, 바로 알고 바로 보자

Chapter 4 교회, 바로 알고 바로 보자

1. 예수라면 교회를 부숴 버렸을 것이다

세월이 지나면 본래의 말뜻이 퇴색되거나 달라지는 경우가 허다하다. 그 중 대표적인 말이 '교회'란 말이다. 사람들은 말한다.

"저 교회는 참 멋있게 생겼어."

"우리 교회는 파이프 오르간이 있다니까."

"엄마는 교회 갈 때 옷 좀 잘 입으면 안 돼?"

여기서 말하는 '교회'는 모두 건물을 가리킨다. 교회, 과연 원래부터 건물을 뜻하는 것인가. 아니면 소위 변질된 건가.

"교회는 건물이 아니죠"

동생 : 형~ 형형 형형!

형 : 아침부터 왜 이렇게 불러 싸~.

동생 : 형 그거 알아?

형 : 뭘~.

동생 : 교회가 건물이 아니래.

형 : 어?

동생 : 교회가 건물이 아니래.

형 : 아니 교회가 건물이 아니면 그럼 뭐여? 빌딩이여?

동생 : 그건 나도 모르지.

형: 헉~.

  이것은 〈교회는 건물이 아니죠〉(마가프로젝트 노래, 2006년)란 찬양 노래의 서두 랩 부분이다. 이 노래 요즘 꽤나 인기다. 이런 노래를 교회 사람들 앞에서 예배시간에 한다고 생각하면 적잖이 웃긴다.

  이 노래의 주요 가사만 불러보면 이렇다.

  "죽음에서 사흘 만에 부활하신 예수님이 바로 교회랍니다. 부활하신 예수님을 믿는 우리가 바로 교회랍니다. 교회가 건물이라는 편견을 버려요."

  예수가 곧 교회고, 예수를 믿는 사람들이 교회라는 이야기다. 말하자면 건물이 교회가 아니라 사람이 교회라는 이야기다. 사실 이런 진실을 교인들도 다 알고 있다. 성경공부 시간에, 설교 시간에 수도 없이 반복하니까.

하지만 실제로 교인들은 '교회=교회 건물'인 것처럼 생활한다. 소위 이론과 실제가 다른 경우다. 위의 노래대로 '교회가 건물이라는 편견을 버리면 큰일 나요'라고 믿고 사는 사람들이 요즘 교인들이다.

뭐가 잘못된 것일까. 어디서부터 잘못 끼운 것일까.

예수의 생애 당시엔 따로 모임의 장소가 없었다. 모임의 장소는 수시로 달라졌다. 창녀와 세리의 집에서, 길거리에서, 겟세마네 동산 위에서, 시나이 광야에서, 요단강 앞에서, 사해 앞에서, 유대인 성전에서…. 예수의 모임에 참여했던 사람들도 다양했다. 바리새인과 서기관 등의 종교지도자들, 부자들과 가난한 사람들, 창녀와 세리 같은 죄인들, 율법학자, 어부, 농부 등등. 기독교인들의 영원한 모델인 예수는 그렇게 살았다.

이것이 교회의 모습이다. 이것이 바로 교회의 올바른 모델이다. 세상 어디든지 예수의 정신이 살아있는 그 모임이 바로 교회다. 아니 더 정확하게 말하면 그 공동체가 교회다. 마치 예수 당시, 예수가 있던 주변이 바로 교회였던 것처럼. 바꿔 말하면 예수가 없는 곳은 교회가 아니었던 것처럼.

성경에 나오는 교회란 단어는 '에클레시아ekklesia'다. 그것은 항상 장소가 아니라 사람의 모임을 가리켰다. 영어 'church'는 독일어 'kirche'와 스코틀랜드의 'kir'에서 왔다. 그것은 그리스어 'kuriakon'에서 유래된 것으로 '주님께 속한다'는 뜻이다. 성서에서는 한 번도 '에클레시아'가 건물이란 용례로 사용된 적이 없었다. 그런 면에서 교회를 건물로 아는 교인들은 철저하게 비성서적이다.

사실 기독교 초기엔 교회 개척자가 있었다. 착각하지는 말라. 지금과 같은 교회 개척자처럼 교회당을 세운 사람들이 아니다. 그들은 예수를 믿는 공동체를 세우러 다녔던 사람이었다. 그들은 전도를 하는 것도 '에클레시아'를 세우기 위함이었다. 신약성서에서 바울이 이러한 일을 주로 하러 다녔다. 바울은 회심 이후 에클레시아를 세우는 데 평생을 바쳤다. 바로 예수 공동체였다. 그렇다. 에클레시아란 한마디로 '예수 공동체'다.

야성과 자유를 죽여 버린 성전

기독교회가 3세기 이후 교회 건물로 숨어들게 된 배경이 있다. 유대교의 영향과 로마의 영향이다. 로마의 영향은 다음 장에서 다루기로 하고, 여기서는 유대교의 영향을 살펴보자.

유대교도 원래는 건물의 종교가 아니었다. 모세가 이집트를 탈출할 때, 유대민족은 성막을 들고 다녔다. 그들이 오아시스에 짐을 풀면 거기가 성전이었고, 사막 한가운데 짐을 풀면 거기가 바로 성전이었다. 이처럼 그 시대는 성전이 계속 살아서 움직였다.

유대민족이 가나안 족속들을 어느 정도 몰아내고 지금의 유대 땅에 정착했을 때, 비로소 성막 생활을 청산했다. 물론 정착 직후부터 성전이 있었던 것은 아니다. 다윗왕과 솔로몬왕 시대에 가서야 성전이 완성되었다. 성전이 완성되면서 바야흐로 종교건물 시대가 도래했다. 그들의 신앙도 생동적인 데서 고정적으로 가라앉았다. 성전의 완성은 이스라엘의 야성과 자유를 죽여 버렸다.

그들의 삶의 중심이 성전시대 직전까지는 그들이 가는 곳 모두였지만, 이때부터는 예루살렘 한 곳이 되었다. 성전이 있는 예루살렘, 곧 왕이 있는 예루살렘만이 신이 임재하는 중심지가 되었다. 소위 중앙집권적 권력의 시대가 된 것이다. 다윗왕과 솔로몬왕이 성전부터 지으려고 한 것도 다 그런 이유에서다. '왕권 강화, 중앙집권 강화', 바로 그 이유다.

초기 기독교는 그들이 살기 위해서 차마 유대교를 버리지 못했다. 아니 버릴 수가 없었다. 신생 종교인 기독교는 유대교를 업고 갈 수밖에 없었다.

하지만 기독교가 처음부터 건물에 묶여 있었던 것은 아니다. 초기에는 예수의 정신을 이어 받아 여기저기서 모였다. "너희는 너희가 하나님의 성전인 것과 하나님의 성령이 너희 안에 계시는 것을 알지 못하느냐"(고린도전서 3장 16절)란 구절대로 믿었다. 자신들이 곧 교회라는 것을 그들은 누구보다 잘 알고 있었다. 그들은 또한 "너희는 그리스도의 몸이요 지체의 각 부분이라"(고린도전서 12장 27절)는 말을 잘 알고 있었다. 말 그대로 예수가 자신(교회)들의 머리요, 자신들은 에클레시아의 몸이라는 것을 말이다. 거기엔 건물이라는 의미는 조금도 들어갈 곳이 없었다. 생동적이지도 유기적이지도 않은, 말하자면 몸 같지도 않은 건물이 교회라고 하는 것은 있을 수 없는 일이었다.

물론 그들이라고 어딘가에 모이지 않았을까. 그들 또한 그들의 스승 예수처럼 집에서, 회당에서, 천막에서, 술집에서, 어디든지 모였다. 그들의 예배 형식은 자유로웠고, 설교자는 따로 없었고, 언제 어디서나 모였다.

예수의 뜻대로 기독교가 참 교회 생활을 한 것은 기독교 전 역사를 통해 불과 300년 정도다. 콘스탄티누스 황제의 기독교 공인 직전까지의 기간이다. 어쩌면 이 기간이 기독교의 최고 황금기였다. 아니 예수의 황금기였다고나 할까.

타임머신을 타고 예수가 이 시대에 와서 지금의 교회 건물을 본다면 어떡할까. 장담컨대 예수라면 틀림없이 교회를 부수려고 난리를 피울 것이다. 내가 언제 이런 건물을 교회라고 했냐고. 나의 얼굴에 먹칠을 해도 유분수지, 이러고도 너희들이 나를 따르는 제자들이라 할 수 있냐고. 나는 너희 같은 제자들을 둔 적이 없다고. 내가 전에 성전에서 열 받아 휘둘렀던 그 채찍 맛을 봐야 너희들이 정신 차리겠냐고. 내가 한 말을 너희들이 지금 '개 무시'하냐고.

"이 성전을 허물어라. 그러면 내가 사흘 만에 다시 세우겠다."(요한복음 12장 19절)

2. 교회의 창시자는 예수가 아닌 콘스탄티누스

사람들은 모두 교회의 창시자를 예수라고 알고 있다. 하지만 분명히 말하건대 현대까지 전해 내려온 교회는 예수와 전혀 무관하다. 기독교 초기 300년을 제외하고, 예수의 교회가 된 적은 단 한 번도 없다. 모두 콘스탄티누스의 교회였다. 지금의 교회는 엄격하게 말하면 콘스탄티누스의 후예들이다.

312년 콘스탄티누스가 로마 대제에 올랐다. 그가 살던 시대는 로마 황제들의 암투가 극심했다. 로마 황제 디오클레티아누스는 자신의 치제가 권력투쟁으로 망가지지 않도록 스스로 자리에서 물러났다. 동로마 정제였던 막시미아누스도 할 수 없이 물러났다. 이에 콘스탄티누스 1세(콘스탄티누스 대제의 아버지)와 갈레리우스가 로마 정제로 등극했다. 안타깝게도 306년에 콘스탄티누스 1

세가 사망했다. 콘스탄티누스에게 기회가 찾아왔다.

콘스탄티누스는 기독교인이 아니다

콘스탄티누스는 라이벌 황제들과 밀고 당기기를 했다. 312년 그는 리키니우스와 동맹을 맺고 막센티우스를 치기 위해 로마로 진격했다. 이 전쟁에서 꿈에 십자가를 보고, 십자가 모양의 깃발을 들고 싸워 승리를 쟁취했다. 비로소 로마의 유일한 황제에 등극했다.

그가 황제에 등극하자마자 한 일이 바로 '기독교 공인'이었다. 사실 313년 밀라노 칙령은 기독교에게만 특혜를 주는 것은 아니었다. 로마 제국 내에선 모든 종교행위를 자유롭게 할 수 있다는 조치였다. 결과적으로 제일 큰 혜택을 입은 것이 기독교였을 뿐이다. 이것조차도 콘스탄티누스의 고도의 정치적 계산이었다. 관대한 황제로 비쳐지면서, 기독교를 통해 무언가를 얻어내려는 전략이었다.

수많은 정적들을 치고 황제가 된 그는 황제 자리에 대한 불안함이 있었다. 그는 어떻게 하면 자신이 쟁취한 황제의 자리를 튼튼한 반석 위에 올려놓을까 고민했다. 그 해답이 바로 '기독교 공인'이었다.

기독교는 유일신을 믿는 종교다. 그는 기독교를 공인하고 인정함으로서 기독교의 '신'을 자기편으로 만들었다. 그는 자신의 자리가 하늘로부터 온 천직임을 강조하고 싶었다. 그 자리는 이제 인간이 마음대로 바꿀 수 없는 그 무엇이 되었다. 이른바 '왕권신수설'의 원조가 되었다.

그의 어머니가 그를 위해 기도해서 기독교로 개종했다느니, 그가 꿈에 십자가를 보고 승리를 쟁취했다느니 하는 것들은 승리자에게 덧붙여진 면류관에 불과하다. 그가 기독교 신앙을 가지고 있지 않았다는 증거는 수두룩하다.

그는 결코 태양신 예배를 포기한 적이 없다. 그가 313년 기독교를 공인하는 그 순간조차도 그랬다. 321년에 일요일을 휴무일로 정한 것도 그랬다. 그날이 바로 태양신을 섬기는 날 'Sunday'이었다. 그는 죽을 때까지도 'Pontifexn Maximus'(이교 제사장들의 우두머리)라는 직함을 포기하지 않았다.

그는 또한 병을 낫게 하기 위해 교회 안에서 이교의 마술을 사용하게 했다. 이교도의 풍습을 따라 교회 안의 각종 물건들과 장소에 신성함을 부여하는 것도 서슴지 않았다.

그가 교회를 지을 때도 마찬가지였다. 그의 어머니 헬레나가 예루살렘 여행을 다녀온 후 로마제국 전역에 교회 건물들을 짓기 시작했다. 건물 건축도 이교의 방법을 따랐다. 교회 건물은 황제에게 걸맞게 크고 웅장하게 짓도록 명했다. 그 내부엔 이교의 예술

품들로 치장되었다.

 그가 기독교의 신을 넘어서는 대단한 존재라는 것이 그의 사후에 드러났다. 그가 죽고 난 후 로마는 그를 '신'으로 추대했다.

황제의 건물로 바뀐 예수의 공동체

 콘스탄티누스시대 교회 건물의 모델은 로마의 바실리카였다. 바실리카는 로마의 정부청사 건물이었으며, 그리스 신전을 모방해서 설계한 건물이었다. 결과적으로 교회 건물은 그리스 신전의 모델을 따라 건축한 셈이다. 바실리카는 오늘날의 고등학교 강단과 같은 역할을 했다. 관객들이 수동적으로 공연을 구경하는 스타일이었다. 연설하는 사람에게 집중되는 형태였다.

 교회 예배에 이교의 풍습인 촛불과 향불도 도입되었다. 이교의 제사장들을 본 따서 전문 성직자도 생겨났다. 성직자가 건물 안에 들어올 때 촛불과 향불도 같이 들어왔다. 성직자들은 평소와 달리 예배 때에는 특별한 복장을 했다.

 역사학자 윌 듀란트는 "가톨릭 미사는 부분적으로는 유대 성전 제사와 그리스의 신비의식인 정결의식, 대리 제사, 동참의식 등에 기초하고 있다"(《교회가 없다》, 프랭크 바이올라 지음, 대장간 펴냄, 43쪽)고 했다. 그때 드려진 예배는 그리스 연극 뿐 아니라 이교의 미술

사상에 깊이 관련되어 있었다.

교회 성가대의 진원지도 황제의 행진의식에서 출발했다. 황제가 등장하는 격식에 맞춰 성가대의 노래가 불리어졌다. 이때 전문 교회 음악인들도 등장했다. 황제의 비위를 맞추려는 아랫사람들의 노력의 열매였다. 367년에는 회중 찬송을 금지하고 성가대 음악만 교회에서 노래되었다.

이때부터 성직자들에게 십일조로 먹고 사는 특혜를 부여했다. 기독교 교부 시프리안이 기독교 최초로 성직자를 재정적으로 지원해야 한다고 말했다. 구약에 나오는 레위인이 십일조에 의해 생활했던 것처럼 성직자들도 그렇게 살아야 한다고 주장했다. 콘스탄티누스는 시프리안의 견해를 받아들여 공표했다. 성직자들이 교회 일만 하고도 밥줄이 보장되는 역사의 서막이 열린 것이다.

교회 특혜의 절정은 323년에 모든 교회 자산에 대해 세금을 면제해준 것이다. 이 한 번의 사례가 2000년 동안 '종교세 면제'라는 특혜의 전례가 될 줄은 콘스타티누스도 몰랐을 것이다.

이 모든 것을 보건대 당시 교회는 로마황제가 키운 자식이다. 당시 교회는 권력의 단맛을 영양분으로 하여 충실히 탈바꿈한 애벌레와 같다. 콘스탄티누스 이후로 교회는 '예수의 공동체'에서 '황제의 건물'로 탈바꿈했다. 2000년이 지난 지금도 교회는 그 메커니즘 속에 허덕이고 있다. 313년 이후의 교회에는 예수조차도 들어가보지 못한 곳이 되었다.

3. 중세시대가 과연 하나님의 나라였는가

'한국성시화운동'을 아는가? 이 운동은 김준곤 목사(CCC 총재)가 1972년 7월 31일~8월 4일까지 춘천에서 열었던 '춘천 성시화운동'이 시발점이 되었다. 이때 발표된 '춘천 성시화운동 전략노트'는 세상을 놀라게 했다. 그 중 일부인 '춘천 성시의 미래투시도'를 들여다보면 이렇다.

'시민은 신자가 되느냐 이주하느냐 양자택일을 하게 될 것이다. 학교는 주일학교가 되고 교사는 주일학교 교사가 되고 학구는 곧 교구가 되며 춘천에 있는 모든 것들이 예수와 성경에 의해 다스려진다. 성시특별보호법안 같은 것이 국회에 통과되어 시정은 장로급 인사가 영도하는 시민회의에서 다스려지고 관공리의 수가 반감될 것이다. 시 예산의 십일조는 민족복음화와 세계복음화에 쓰여질 것이다.'

이런 기독교적 정서는 이명박 장로의 발언으로 정점을 찍는다.
"서울을 하나님께 바치겠다. 신의 도시로 만들겠다."
한국 기독교인들은 은근히 중세시대를 그리워한다. 왕으로부터 민초들에 이르기까지 기독교인이었던 그 시대를 목표로 삼는다. 한국의 기독교인들은 한국 땅에서 중세시대의 부활을 꿈꾸고 있다.

십자군 전쟁, 속내는 따로 있었다

중세시대를 말하면서 '십자군전쟁, 종교재판, 마녀사냥'을 빼놓을 수 없다. 이 3가지 사건이 가장 중세시대를 잘 표현하고 있기 때문이다.

십자군전쟁은 시작 동기부터 불순했다. AD 637년 사라센들이 예루살렘을 점령했다. 그들은 상업적인 목적으로 성지순례를 하는 기독교인들을 환대했다. 하지만 1076년 터키계 회교도들이 예루살렘의 주인이 되면서 기독교인의 성지순례를 금지했다. 이들은 기독교 세계를 위협했다. 이에 동로마제국 알렉시우스 1세가 교황 우르바누스 2세에게 구원을 요청한 것이 계기가 되었다.

하지만 교황 우르바누스 2세의 속내는 다른 곳에 있었다. 그는 당시 동로마교회와 서로마교회, 그리고 그리스정교회로 나뉜 기독교 세계의 통합을 꿈꾸었다. 말하자면 '성전'이라는 명목을 내세워 권력을 교황청으로 집중하려는 의도였다. 강력한 교황의 권력으로 로마제국의 황제까지 흔들어보려는 심사였다.

십자군전쟁은 361년이라는 참으로 긴 전쟁이었다. 1095년에 시작해 1456년에 가서야 대단원의 막을 내렸다. 이걸 보더라도 중세시대의 집단지성이 얼마나 마비되었는지 알 수 있다. 오로지 교회의 명령과 교인의 복종만이 존재하던 사회였다.

십자군전쟁은 1212년 어린이 십자군 원정으로 정점을 찍는다. 프랑스의 한 목동 스테판이 프랑스 십자군을, 독일의 소년 니콜라스가 독일 십자군을 이끌었다. 그들은 고작해야 10살이었다. 프랑스 십자군은 3만 명, 독일 십자군은 2만 명, 도합 5만 명의 어린이가 이 운동에 참가했다. 하지만 성지탈환은 고사하고 모두 노예로 팔리거나 사망했다. 도대체 어떻게 한 사회에서 이런 일이 가능할까.

종교재판은 교회권력과 세속권력의 야합

중세 종교재판은 한마디로 '이단 심문'이었다. 이 재판은 이단을 근절하는 것을 목적으로 시작한 시스템이다. 그것은 중세 이후 로마 가톨릭에서 인정한 정통 교리와 다른 교리를 처단하고자 만든 제도다.

이 제도 또한 시작 동기가 다분히 권력적이다. 초기 기독교 시대에서 콘스탄티누스 로마 국교 시대로 넘어가는 과도기에 생겨났다. 콘스탄티누스가 인정한 신학자들은 기독교 교리를 선점했다.

그에 반하는 교리는 무조건 이단으로 간주했다. 그것은 제국의 통합을 위해 시도되었으며, 그에 반하는 것은 곧 제국에 대한 역적으로 간주되었다. 권력의 통합을 위해 다양한 교리는 필요 없었다. 오직 하나의 교리, 그들이 말하는 정통교리만이 필요했다.

이것은 곧 교황청의 종교재판이 세속의 영주와 왕들과 끈끈한 유대관계로 이루어졌음을 말한다. 종교재판에서 유죄 판결을 받은 죄수를 세속 권력이 인수하여 처벌하는 형태로 이루어졌다. 신성 로마제국의 황제 프리드리히 2세는 종교재판 제도를 국법에 추가하여 법제화했고, 이를 어기는 자는 최고 사형까지 집행하기도 했다. 한마디로 종교권력과 세속권력의 야합에서 나온 작품이 종교재판이다.

최초로 열린 종교재판은 12세기 프랑스 남부에서 다룬 카타리파 이단논쟁이었다. 카타리파가 치안을 어지럽힌다는 명목으로 그들을 체포해서 재판한 사건이다. 그 후로 프랑스에선 1184년 종교재판법이 탄생했다. 이단으로 판별된 사람은 각 지역 교구의 주교의 관할로 넘겨져 심문을 받았다. 여기서 주교들은 자기 소속의 교구를 돌아보며 이단자가 없는지를 수시로 확인했다. 마치 권력자가 자신의 권력이 위험할까 봐 수시로 감시하듯이 말이다.

지동설의 주인공 과학자 갈릴레이도 종교재판 앞에서는 벌벌 떨었다. 종교재판에 불려간 갈릴레이는 그 중압감을 이기지 못하고 자신이 발견한 과학진실을 스스로 부정했다. 그러고 나와서 "그래도 지구는 돈다"며 독백이나 하는 못난 인간이 되어 버렸다. 종교재판에서 명령하면 돌던 지구도 돌지 않아야 하는 것이 법이었다.

그들이 그렇게 이단에 민감한 것은 그들이 따르는 예수의 죽음 때문이었다. 예수 시대의 보편적인 시각으로 보면 예수는 '유대교 이단자'였다. 정통교리와 율법을 어기며 교권에 도전한 반항아였다. 중세시대 행해졌던 종교재판이 바로 빌라도의 예수재판과 무엇이 다르랴.

그때부터 기독교인들은 예수 때문에 '이단 콤플렉스'를 앓고 있다. 유난히 이단 문제에 민감하다. 사실 어떤 종교든 처음 시작할 땐 모두 이단이요 사이비다. 그 종교가 자기 분파의 규합을 성공해서 머리수가 많아지면 기성종교가 되고 정통이 된다.

마녀사냥의 비용은 마녀가 감당했다

종교재판이 소위 기독교도 가운데서 행해진 재판이라면, 마녀사냥은 비기독교도를 상대로 행해진 재판이라 할 수 있다. 12세기부터 시작된 이 사냥은 적게는 수십만 명에서 많게는 수백만 명에 이르도록 사형이 집행된 끔찍한 살인놀음이었다. 당시 사람들은 악마가 인간이나 동물 등을 이용해 악한 행위를 한다고 믿었다.

  이것 또한 권력의 노리개였을 뿐만 아니라 상업적 장사로 이용되었다. 마녀로 지목당한 여자는 재판에 소요되는 모든 비용을 직접 지불해야 했다. 예컨대 마녀를 고문하는 고문 기술자의 수고비, 고문 도구 임대료, 재판에 참여하는 판사 수고비, 마녀를 체포할 때 소요된 모든 비용, 마녀가 확정될 경우 화형을 집행하는 데 소요된 모든 비용, 교황에게 내야 하는 마녀세금 등을 그녀가 지불해야 했다. 심지어 마녀가 화형에 처해진 후, 그녀의 재산을 몰수해서 교회에게 상속했다. 그녀는 자신의 돈으로 사람을 사서 자신이 고문을 당했고, 죽임을 당했고, 재산을 물려주어야 했다.

  따라서 주로 교회의 표적은 '돈 많은 과부'였다. 특히 가족이라고는 아무도 없고, 가진 거라곤 돈만 있는 여자라면 최고의 사냥감이었다. 때론 그런 여자가 자위행위를 하다가 발각이 되면 명분이 좋았다. 그 행위는 '마귀와 섹스를 한다'는 걸로 간주되었다.

  마녀로 지목되면 항상 4가지 시험을 통과해야 했다. 처음 관문인 눈물시험은 망치로 마녀를 괴롭혀서 눈물이 나오느냐를 시험했다. 둘째는 바늘시험으로서 재판관이 마녀를 나체로 벗기고 관찰한다. 관찰을 쉽게 하기 위해 몸의 모든 털을 깎거나 태운다. 몸에 있는 흉터, 부스럼 등을 바늘로 찔러 피가 흐르는지 시험한다. 세 번째는 불시험이다. 쇠를 벌겋게 달구어 마녀의 몸을 지진다.

네 번째는 물시험이다. 마녀의 몸을 큰 돌에 묶어 물에 빠트렸다. 죽으면 혐의를 벗었고, 살아나면 마녀로 간주되어 화형에 처했다.

혹자는 이런 모든 것을 보면서 지나간 역사이며, 기독교 역사에서도 극히 일부라고 변명하고 싶을 게다. 하지만 그러한 '이단 과민반응 현상'은 기독교 역사 내내 흐르고 있다. 지금도 여전하다. 자신의 종교만이 유일한 진리요 참 종교라고 믿는 교회는 태생적으로 지독할 수밖에 없지 않을까. 콘스탄티누스의 후예들이 걸을 수밖에 없는 운명이 아닐까. '대한민국 성시화'를 꿈꾸는 사람들의 당연한 코스가 아닐까.

4. 개신교회 창시자, 그들은 바로 살인자였다

'건물교회'의 창시자가 콘스탄티누스라면, 개신교회 예배의 창시자는 누구일까. 바로 칼뱅과 루터다. 그들은 소위 종교개혁을 시도했지만 그들이 개혁한 것은 아무 것도 없었다. 단지 형식을 좀 바꿨을 뿐이다.

루터가 교회개혁을 하게 된 시발점은 고상한 이유가 아니다. 그는 1521년 1월 3일 교황 레오 10세로부터 가톨릭 사제직을 박탈당했다. 성직자를 박탈당한다는 것은 교회에도 출석할 수 없고, 장례식과 각종 성사를 치룰 수 없다는 표시다. 한마디로 그 사회에서 '아웃'되는 것이다. 이 사건이 종교개혁의 시발점이다.

이렇게 당시의 교회로부터 버림받은 루터는 그냥 앉아 있을 수만은 없었다. 틈만 있으면 재기를 노렸다. 그런 그의 눈에 돈으로 죄를 면해주는 면죄부 등 교회의 각종 비리가 눈에 들어왔다. 교회의 전횡으로 고통당하는 당시 백성들의 모습이 레이더에 걸려 들었다. 그는 그러한 시대적 상황을 명분으로 교회에 반박하기에 이르렀다.

1517년 10월 31일, 드디어 루터는 기회를 잡았다. 그는 비텐베르크 대학교 부속 교회당 정문에 '95개조의 반박'이라는 제목으로 교회를 반박하는 문서를 내걸었다. 이 행위는 면죄부가 주요 수입원이었던 당시 교회에 정면 도전장을 내민 꼴이 되었다. 당시 교회는 루터의 행위로 비상이 걸렸다.

루터의 그러한 행보에 찬성하고 나선 세력들이 있었다. 교회의 전횡을 못마땅해 하던 당시의 왕들과 제후, 신흥 세력들, 그리고 농민들이었다. 루터의 행동은 '울고 싶은 사람에게 뺨 때려 준 꼴'이었다. 루터의 행위는 반교회 전선의 도화선이 되었다.

루터는 두 번의 전쟁의 중심에 서게 되었다. 1522년에 일어난 '기사(騎士)의 난'과 농민전쟁(1524~1525년)이 바로 그것이다. 그는 교황으로부터 완전히 추방당했다.

이단이란 이름으로 저질러진 살인정치

루터와 동 시대를 산 또 하나의 종교 천재가 바로 칼뱅이다.

그는 1523~1528년 파리에서 신학을 공부했다. 그 후 오를레앙 부르주의 대학에서는 법학을 공부했다. 1532년 세네카의 《관용에 대하여》의 주해를 발표하여 인문주의자로서의 학문적 재능을 인정받았다.

그도 루터처럼 로마가톨릭과의 결별의 순간이 다가왔다. 1533년에 에라스뮈스와 루터를 인용한 이단적 강연의 초고를 썼다는 혐의를 받았기 때문이다. 1535년 프랑스 국왕 프랑수아 1세의 이단에 대한 박해로 신변의 위험을 느낀 그는 스위스의 바젤로 피신했다.

그 후 G.파렐로부터 스위스 제네바의 종교개혁을 함께 추진할 것을 요청 받았다. 바야흐로 그는 세계 인류역사에 유일무이한 '신정도시'의 모델을 거기서 세워 나갔다.

칼뱅이 종교 살인자라는 걸 말해주는 책은 아주 많다. 그 중 내가 만난 책은 《기독교 죄악사》(조찬선 지음, 평단문화사 펴냄, 2000년)와 《폭력에 대항한 양심 – 칼뱅에 맞선 카스텔리오》(슈테판 츠바이크 지음, 자작나무 펴냄, 1998년), 그리고 내가 지금 소개하고자 하는 《교회가 없다》(프랭크 바이올라 지음, 대장간 펴냄, 2003년)이다.

칼뱅은 1545년, 제네바에서 17명과 함께 소위 신정도시를 만들고자 했다. 당하는 사람들 입장에선 바로 '폭력정치'였다. 그가 얼마나 폭력정치를 했는지 한번 보도록 하자.《교회가 없다》에 나온 내용들을 주섬주섬 모아보았다.

먼저 간음하면 기둥에 묶어 놓고 불태워 죽였다. 혼외정사를 한 사람은 물에 빠뜨려 죽였다. 당시 14명의 여자가 이교적 마술을 했다는 이유로 산 채로 화형을 당했다. 시민들은 옷 입는 것도 시키는 대로 입어야 했다. 옷 입는 것이 계급을 알려주던 당시의 풍습 때문이었다. 연지를 바르는 것이나 화장을 하는 것도 금지되었다. 보석 등으로 몸에 치장하는 것도 안 되었다. 자녀들의 이름은 성서 인물 중에만 짓게 했다. 이를 어기면 나흘 동안 감옥살이를 했다. 술에 취해서도 안 되고, 사냥도 금지되었다. 종교적이지 않거나 비도덕적인 서적의 출판과 독서도 금했다. 춤을 추거나 비기독교적인 노래를 부르는 것도 불경한 것으로 간주되었다.

칼뱅의 폭력정치는 교회에 관한 사형집행에서 정점을 이룬다. 교회예배를 자주 빠지면 산 채로 불태워 죽였다. 만약 이단으로 판명나면 산 채로 불태워 죽였다. 여기서 이단이라 함은 칼뱅신학에 동의하지 않은 사람을 말한다. 이럴진대 칼뱅을 살인자라 하지 않으면 누구를 살인자라 해야 될까.

성당이 교회로 바뀌었을 뿐인 종교개혁

루터와 칼뱅이 이루었다는 종교개혁은 태생적 한계가 있었다.

먼저 그들은 가톨릭 사제였거나 가톨릭 신학자였다. 그들이 아무리 종교개혁이 아니라 그 할아버지를 이룬다고 해도 역시 가톨릭에서 벗어나지 못했다. 그들의 종교개혁은 다만 '미사'를 '예배'로, '신부'를 '목사'로, '성당'을 '교회'로 탈바꿈한 것 밖에 없었다.

그들로 인해 형식적으로 제일 바뀐 것은 신부의 집례중심 미사에서 목사의 설교중심 예배를 도입했다는 것이다. 설교는 원래 그리스의 소피스트들의 전례를 따랐다. 소피스트들은 돌아다니면서 연설을 했고, 사람들에게 가르침을 베풀며 살았다. 어쨌든 설교중심의 교회는 교회의 모든 권력을 교황에게서 목사에게로 쥐어주는 꼴이 되고 말았다.

프랭크 바이올라는 "칼뱅 의식에 있어서 가장 파괴적인 요소는 그가 강단에서 예배의 대부분을 인도한 것이었다. 기독교는 이것에서 해방된 적이 없다. 오늘날 목사가 주일 아침예배의 MC이자 CEO인 것은 자명한 사실이다"(《교회가 없다》 51쪽)고 신랄하게 비판하고 나섰다.

그는 이어서 "개신교의 예배순서가 주 예수님이나 사도들이나 신약성경에서 유래하지 않았다는 사실은 고통스러울 정도로 명확

하다. 이것 자체가 틀렸다는 것은 아니다. 그것이 성경적인 기초를 갖고 있지 않다는 뜻이다"《교회가 없다》 67쪽)며 개신교회 예배의 비성경성을 지적했다. 그렇다. 개신교의 예배는 성경에서 유래된 것이 아니라 두 종교천재의 발명품이다. 개신교가 들어간 곳이라면 천편일률적으로 드러지는 예배 스타일은 두 종교천재의 작품이다.

어찌 됐거나 종교 역사는 돌고 돈다. 유대교에서 뛰쳐나온 기독교, 로마가톨릭에서 뛰쳐나온 개신교 등이 그것이다. 기독교는 계속 뛰쳐나왔지만, 모두 다 그 나물의 그 밥이다. 지금의 개신교회는 유대인 성전의 다른 이름일 뿐이다. 예수가 그토록 부수고자 했던 바로 그 성전 말이다.

5. 하나같이 이교적인 교회의 의식들

교회에서 행하는 절기와 의식들이 하나같이 이교적인 것은 미스터리하다. 그토록 순수와 정통을 좋아하는 기독교회가 아니었던가. 여기서는 일요일이 태양신의 날이라는 것보다 더 독특한 역사적 사실들을 다루고자 한다.

영어로 부활은 'Resurrection'이고 부활절은 'Easter'다. 이 둘은 왜 전혀 다를까. 이유가 있다. 이스터는 기독교에서 나온 말이 아니다. 칼데아에서 나온 말이다. 하늘의 여신 벨티스의 칭호 중 하나인 아스타르테를 이른다. 후에 이스터라고 불려졌다. 성금요일에 십자가 케이크를 먹는 풍습, 부활절 일요일에 물들인 달걀을 돌리는 풍속은 당시 칼데아에서도 행해진 의식들이었다.

다른 설에 의하면 앵글로 색슨족이 숭배하는 새벽과 봄의 여신인 에오스트레 혹은 오스타라에서 이스터가 유래했다고도 한다. 앵글로 색슨족의 의식에 사용된 계란은 다산의 상징이었다. 말하자면 계란으로 상징되는 부활절은 실상 이교도 여신의 다산의식에 불과한 것이다.

또 다른 설에 의하면 로마의 여신 비너스로부터 유래했다는 주장도 있다. 로마는 태양신을 믿는 국가였고, 다종교 국가였다. 춘분이 지난 보름 후의 일요일을 태양의 부활절로 지켰다. 이때 다산의 여신 비너스를 예배하고, 다산의 상징인 계란을 먹는 의식을 행했다. 이런 이교도의 의식이 기독교가 공인이 되면서 자연스레 기독교 안으로 흘러 들어왔다.

고대 바벨론 신화에는 하늘로부터 유프라테스 강에 떨어진 큰 달걀이 등장한다. 그 달걀에서 여신 아스다롯(Astarte)이 부화한다. 고대 바벨론 사람들은 달걀을 거룩한 것으로 여겼고, 여신 아스다롯(혹은 이스터)을 상징했다. 고대 영국의 드루이드 교도들도 달걀을 자기들 종교의 거룩한 상징으로 믿었다. 힌두교도들은 금빛을 띤 창조의 알을 숭배했고, 아테네에서는 바카스의 제전이나 디오니시아카의 제전 때 알을 성별하여 바치는 종교의식이 행해졌다. 고대 이집트인들과 그리스인들은 종교의식에서 알을 사용했을 뿐만 아니라 비밀스런 목적을 위해 자기들의 사원에 알의 형상을 만들어 바쳤다. 특히 이집트인들은 달걀을 태양 즉, '황금달걀'이라고 믿었고, 색칠한 달걀을 제물로 바치기도 했다.

어쨌거나 교회의 예수는 이교도 여신의 달걀에서 오늘도 부활하고 있는 중이다.

순수, 정통성과는 거리가 먼 기독교 의식

기독교인들은 성만찬의 유래를 예수의 행위로부터 찾는다. 빌라도의 법정에 서기 전날 밤에 다락방에서 예수의 제자들과 이루어진 만찬을 모델로 삼는다.

예수는 "그들이 먹을 때에 예수께서 떡을 가지사 축복하시고 떼어 제자들에게 주시며 이르시되 받아서 먹으라 이것은 내 몸이니라 하시고 또 잔을 가지사 감사 기도하시고 그들에게 주시며 이르시되 너희가 다 이것을 마시라 이것은 죄 사함을 얻게 하려고 많은 사람을 위하여 흘리는 바 나의 피 곧 언약의 피니라"(마태복음 26

장 26~28절)라고 모범을 보였다.

하지만 이 일화의 전모를 조금만 유심히 보면 그것이 얼마나 이교도적인지 단박에 알 수 있다. "무교절의 첫날에 제자들이 예수께 나아와서 이르되 유월절 음식 잡수실 것을 우리가 어디서 준비하기를 원하시나이까"(마태복음 26장 17절)란 제자들의 말이 나온다. 예수의 최후의 만찬에 앞선 제자들의 준비과정이다.

보았는가. 유월절 음식이란 것을. 유월절은 유대교의 3대 주요 순례절기들 중 하나다. 유월절은 출애굽 전야에 행한 하나님의 은총을 기념하는 날이다. 하나님이 천사를 보내 이집트 땅의 사람과 동물들은 죽이고, 이스라엘 사람들의 처음 태어난 것들은 그냥 넘어갔다는 날이다. 신의 명령을 따라 이스라엘 집집마다 문설주에 어린 양의 피를 발라 하느님의 자녀라는 것을 표시했기에 가능했다. 유대인들에겐 7~8일 동안 이 절기를 지킬 만큼 중요하다.

예수가 했다는 성만찬은 실은 유월절 식사였다. 당시 예수는 모세의 전례를 따라 제자들과 나눴을 뿐이다. 성만찬이란 의미와 용어는 후대 기독교인들이 설정한 것이다. 예수는 누구보다 충실한 유대인이었다.

세례 또한 다르지 않다. "그때에 예수께서 갈릴리 나사렛으로부터 와서 요단강에서 요한에게 세례를 받으시고"(마가복음 1장 9절)란 구절이 기독교 세례예식의 근간이다. 예수도 세례를 받으셨으니 우리도 예수를 따라 세례를 받아 새 사람으로 거듭나자는 논리다.

여기서도 예수가 유대인으로서 세례를 받았다는 논리를 대지 않아도 단박에 알아차릴 수 있다. 세례를 준 요한이 유대교적 풍습을 행했다는 것을. 세례 요한은 예수를 따르던 사람도 아니었다. 기독교 학설에 의하면 금욕생활을 하던 에세네파의 선지자였다. 유대교의 한 분파의 야전 지도자였던 것이다. 기독교인들은 신약성경에서 예수와 함께 등장한 요한을 기독교인일 거라고 착각했는지도 모르겠다.

크리스마스, 예수와는 아무런 상관없다

예수가 12월 25일에 태어났다고 순진하게 믿는 사람은 아무도 없다. 기독교인들조차 그것은 인정한다. 대놓고 말하면 예수의 진짜 생일은 며느리도 모르고, 시어머니도 모른다. 다만, 예수의 생일을 기념하자고 약속할 날이 있을 뿐이다.

초기 기독교인들은 '정복당하지 않는 태양의 탄생일'을 성탄절로 지켰다. 그날이 바로 12월 25일이었다. 이 축제는 낮이 길어지기 시작하고 태양이 하늘 높이 떠오르기 시작하는 동지를 기념하는 날이었다. 크리스마스의 의식들은 이교도들이 한겨울에 벌이던 농사와 태양 의식들을 그대로 가져온 것이다. 로마에서는 농경신 사투르누스를 기념하는 12월 17일을 '사투르날리아'로 지켰다. 이날은 크리스마스처럼 서로 흥겹게 지내며 선물을 교환했다.

또한 이란 사람들은 12월 25일을 미트라(정의의 태양)신의 탄생일로 지켰다. 로마 달력으로 1월 1일이다. 사람들은 자기 집을 푸른 나무와 등불로 장식했다. 자녀들과 가난한 사람에게 선물을 주기도 했다.

그 후 북방 유럽의 튜튼족이 중앙 유럽의 갈리아와 브리튼을 침략했다. 거기에 살던 게르만족과 켈트족이 지키던 크리스마스 축일이 튜튼족에 의해 좀 더 이교적으로 융화되었다. 크리스마스이브에는 벽난로에 때는 장작과 크리스마스 케이크를 주고받았다. 푸른 전나무를 세웠고, 선물과 인사 등을 주고받았다.

그나마도 예수의 인기(?)는 산타클로스에게 밀렸다. 산타클로스라는 말은 AD 3세기경 소아시아 지방 미라의 대주교였던 세인트(성) 니콜라스의 이름에서 유래되었다. 그의 이름은 라틴어로 상투스 니콜라우스였고, 붙여서 '산타클로스'라고 한 것이다. 그가 생전에 가난한 이웃과 아이들을 돌보았던 것이 알려져 성인으로 추대되었다.

니콜라스의 전설은 노르만족에 의해 유럽으로 전해졌다. 12세기 초 프랑스의 수녀들에 의해 니콜라스 축일 하루 전날인 12월 5

일에 가난한 아이들에게 선물을 주는 풍습이 생겨났다. 그나마도 12월 25일이 아닌 12월 6일이 니콜라스 축일이다.

오늘날처럼 산타클로스가 12월 24일에 루돌프 썰매를 타고 굴뚝을 날아다니는 모습은 1882년 미국 뉴욕에서 등장한 것이다. 뉴욕의 신학자 클레멘트 무어가 '성 니콜라스의 방문'이라는 글을 1882년 12월 24일에 발표해서 화제가 되었다.

어쨌거나 이래저래 크리스마스엔 예수가 설 자리가 없다. 원래 자신의 생일도 아니었고, 이교도 신의 생일이었으며, 산타클로스 기념일로 행해지니 말이다.

혹자는 이교문화면 어떤가. 그 형식을 빌려 내용을 알차게 채우면 된다고 할지도 모르겠다. 맞는 말이다. 하지만 그걸 인정하는 순간 바로 교회의 자기모순을 인정하는 꼴이 된다. 그토록 정통을 따지던 교회의 의식들이 실은 태생부터 비정통적이고 반정통적이었다. 그토록 교회가 싫어하던 불순물 더미에서 꽃피운 것이 교회의 각종 의식이었다. 정통 좋아하는 그들은 실상 사이비의 후예들이었다. 순수니 정통이니 하는 것들은 이제 엿 바꿔 먹자. 실상 이 세상에 오롯이 '순수 정통'은 하나도 없지 않은가.

●·· 에필로그 ··●

"교회, 안 가는 것이 대안이다"

"목사가 교회 가지 말라는데 그럼 어쩌란 말인가? 대안이 뭐냐? 대안은 있나?"

이렇게 물어올 독자가 있겠다. 이런 이야기하면 꼭 대안을 제시하란다. 그러면 그 놈의 대안을 어떻게 제시해야 할까.

교인들에게 대안을 말하라고 하면 이렇게 말한다. "초대교회로 돌아가자, 예수의 정신으로 돌아가자, 성서로 돌아가자"라고. 교인들은 참 돌아가는 것을 좋아한다. 실상은 그렇게 할 생각도 없으면서 말이다. 사실 위의 말들은 엄청난 말이다. 초대교회로 돌아가려면, 교회건물을 떠나 여기저기 떠돌며 예배해야 한다. 예수의 정신으로 돌아가려면, 교회건물부터 당장 부숴야 한다. 성서로 돌아가려면, 목사부터 당장 몰아내야 한다. 말은 쉬워도 그럴 수 있는가. 의문이다.

다행히 요즘 세상에도 초대교회와 비슷한 현상이 있긴 하다. 진 에드워드는 그의 책 《가정집 모임은 어떻게》(대장간 펴냄, 2003년)에서 다음과 같이 보고했다. '중국에 10만 개, 남미에는 8000개, 오스트레일리아는 200개, 뉴질랜드 70개'(157쪽)라고. 이것은 2000년도에 지구상에 살고 있는 가정교회모임의 숫자다. 여기서 주목할 것은 중국이다. 인구도 많고, 경제신흥국가이기도 한 중국이 10만 개나 된다면 지구별에 '가정교회모임의 붐'을 일으킬지 귀추가 주목된다.

그럼에도 나는 대안을 말함에 있어 처음으로 돌아가는 것은 아니라고 본다. 교회가 건물이 아니라 예수공동체라고 말하긴 했지만, 교회를 건물처럼 여겨온 것도 시대적 산물이니 인정해야 되지 않을까. 교회가 각종 비판을 받을 수 있을지언정 오늘의 교회 역시 엄연히 역사적 실체다. 그런 면에서 처음으로 돌아갈 것이 아니라 시대에 맞게 변화해야 한다.

목사 정도라면 다음과 같이 말해야 할 것이라고 주장하는 독자도 있겠다.

"교회가 예수 그리스도의 몸이라면서 지금의 교회 안에는 예수가 없다. 예수도 없고, 하나님도 없고 목사만 있다. 진짜 예수의 사람이라면 교회의 대안을 찾으라. 예수도 '성전을 헐라. 내가 3일 만에 짓겠다'며 자신을 가리켜 교회라고 했다. 이것이 진정 예수가 원하는 바다. 현재 교회의 구조에선 예수를 만나기 어렵고, 예수를 따라 살기란 더욱 어렵다. 소위 대안교회라고 생기는 여러 교회도 역시나 교회일 수밖에 없고, 오십보백보일 수밖에 없다. 지금 교회는 중세시대 종교지도자들이 '성 베드로 성당을 지으면서 성전 헌금 통에 동전이 딸랑 떨어질 때 지옥에서 천국으로 영혼이 옮겨진다'며 구라를 쳤던 것의 재현일 뿐이다. 당장 교회를 나서라. 아이들을 교회에서 해방시켜라. 그리고 예수처럼 자기 자신이 교회가 되라. 정 하고 싶다면 가정교회를 하던지 무교회를 하던지 인터넷교회를 하라."

이 길도 좋은 대안이긴 하다. 하지만 나는 그 길만을 권하고 싶지 않다.

"그럼 당신의 대안은 뭐냐?"고 묻는다면 나는 "그냥 교회 안 가는 것이 대안이다"라고 대답하겠다. 그것도 어려우면 "자녀라도 교회에 보내지 않는 것이 대안이다"라고 말하겠다. 사회적인 지위와 인간관계망 때문에 자신은 어쩔 수 없이 교회에 가야 한다면 아이들만이라도 교회에 보내지 말길 권유하겠다. 당장 교회에 안 간다고 큰일 날 것도 없지만, 교회 가면 종교 바보가 될 건데 뭐 하러 보내려 하는가. 일단 교회에 보내지 말자. 어른들도 일단 교회에 가지 말아보자. 그것도 한 달만 그렇게 해보자. 그러면서 당신과 아이들이 어떻게 달라지는지 살펴보자. 목사인 나 자신도 교회에 안 가고, 안 보내고, 안 해보니 아무 일 없을 뿐만 아니라 나름 괜찮다는 것을 말씀드린다.

세상 사람들 중에는 종교와 상관없는 사람은 아무도 없다. 그가 비종교인이든 무신론자든 모두 종교와 밀접한 관계가 있다. 사람으로 태어난 존재라면 누구든 '나는 왜 태어났을까, 왜 살까, 어떻게 살아야 가치가 있을까, 왜 고민할까, 왜 죽어갈까, 죽고 나면 끝일까' 등을 생각하지 않을 수 없다. 그런 면에서 이 세상 모든 사람은 한 사람도 빠짐없이 종교적이다.

이쯤 되면 우리는 교회의 문제를 넘어서 종교의 근본을 생각해봐야 한다. 종교란 근본을 생각하는 힘이다. 근본을 생각하는 에너지의 발현이다. 신학자 폴 틸리히의 표현대로라면 '궁극적 관심'이다.

심리학자 로버트 존슨은 《당신의 그림자가 울고 있다》(에코의 서재 펴냄, 2003년)에서 "종교(religion)란 단어는 라틴어로 '다시'라는 의미의 're'와 '연결되고 묶고 다리를 놓는다'라는 의미를 지닌 'ligare'에서 유래되었다. '끈을 동여 묶다'란 뜻을 지닌 ligature도 같은 뿌리에서 파생되었다. 그러므로 종교란 '다시 함께 묶는다'란 뜻이다"(103쪽)라고 종교를 설명했다. 그렇다. 종교는 인간의 끊어진 무언가를 연결하고 묶고 다리를 놓아주는 것이다.

여기서 연결해야 할 그 무엇이 바로 '근본'이다. 폴 틸리히는 이것을 '존재의 기반, 존재의 근원'이라고 불렀다. 기독교에선 하나님, 불교에선 부처님, 이슬람교에선 알라라고 불렀다.

그것은 심리학자 융의 창으로 보면 '대극의 통합'이다. 한마디로 '조화로운 인간'을 말한다. '나와 너, 나와 자연, 나와 우주'가 한 사람 속에서 조화를 이루고 통합을 이루는 상태다.

이렇듯 끊어지고, 나눠지고, 부서진 인간을 근본과 연결시켜주는 중매자가 바로 종교다. 교회가 가야할 길은 바로 이 길이다.

나의 책 《모든 종교는 구라다》(자리 펴냄, 2009년)에서 나는 인류가 가야할 길을 '간소한 우주적 종교'라고 밝힌 바 있다. 그런 면에서 교회가 가야할 길은 '간소한 우주적 교회'라 하겠다. 이것이 시대가 요구하는 길이다.

우주적이란 이런 것이다. 내 손에 지금 한 장의 종이가 들려 있다. 이 종이는 동네 문구에서 산 것이다. 그 종이가 택배아저씨의 수고로 배달되었다. 그 종이를 만들기 위해 종이공장 사람들이 야간작업을 했다. 그 종이는 수입업자가 펄프를 수입해서 가능했다. 그 펄프는 배를 타고 대서양과 태평양을 건넜다. 그 펄프는 원래 아프리카 밀림의 나무였다. 그 나무는 아프리카 원주민에 의해 벌목되었다. 그 나무는 주변의 땅과 벌레와 물의 도움을 받고 컸다.

그 물은 원래 하늘의 구름이었다. 그 구름은 바람을 타고 아프리카에 왔었다. 원래 그 구름은 한강에서 증발된 수증기였다.

이렇게 볼 때 이 세상은 모두 연결되어 있다. 한 장의 종이에 연관되지 않은 우주는 없다. 이것이 우주적이다. 불교에서 말하는 '자타불이, 즉 이 세상 모든 것은 둘이 아니다'는 진리와 상통한다.

구약성경에도 이런 진리로 뚜껑을 연다. 바로 "태초에 하나님이 천지를 창조하시니라"(창세기 1장 1절)이다. 이 구절은 세상이 둘이 아니라는 것, 한 뿌리에서 왔다는 것을 드러낸다. 세상 모두는 근본적으로 둘이 아니라는 사상이다. 그렇다. 원래 기독교는 우주적이었다. 지금은 비록 우주에서 교회 건물로 쪼그라들긴 했지만 말이다.

그런 면에서 교회는 '간소한' 길을 갈 필요가 있다. '간소한'이란 교회 건물에 집착하지 않는 것이다. 각종 헌금으로 교인들의 목을 조르지 않는 것이다. 성직자를 비롯한 위계질서를 과감하게 버리는 것이다. 경전에 머물러 이단이니 삼단이니 하지 않는 것이다. 모이는 날을 못 박지 않는 것이다. 교회당에 데려오려고 온갖 수단을 쓰지 않는 것이다. 한마디로 "예수께서 가라사대 여우도 굴이 있고 공중의 새도 집이 있으되 인자는 머리 둘 곳이 없도다 하시고"(누가복음 9장 58절)라고 말한 예수처럼 사는 길이다. 깃털처럼 구름처럼 가볍게 사는 길이다.

교회가 21세기도, 22세기도, 앞으로도 계속 살아남는 길은 바로 '간소한 우주적 교회'다. 환경재앙으로 멸망할지 모를 지구별에서 '자연과 사람이 둘이 아님'을 알리는 것이 교회가 살 길이다. 사람들을 우주로 중매해주는 우주적 교회가 살 길이다. 만일 예수가 21세기에 온다면, 이 길을 주문했을 게 분명하다.